Lindenmeyer • Lindenmeyer
Auch Trinken will gelernt sein

Johannes Lindenmeyer • Thomas Lindenmeyer

Auch Trinken will gelernt sein

Wie Sie Ihr Kind beim richtigen Umgang
mit Alkohol begleiten

BELTZ

Anschrift der Autoren:

PD Dr. Johannes Lindenmeyer
salus klinik Lindow
Straße nach Gühlen 10
16835 Lindow
E-Mail: lindenmeyer@salus-lindow.de

Thomas Lindenmeyer, M.A.
Kolberger Straße 5c
22949 Ammersbek
E-Mail: info@thomas-lindenmeyer.de

E-Book (PDF) ISBN 978-3-621-28205-5
E-Book (ePub) ISBN 978-3-621-28215-4

Das Werk und seine Teile sind urheberrechtlich geschützt. Jede Nutzung in anderen als den gesetzlich zugelassenen Fällen bedarf der vorherigen schriftlichen Einwilligung des Verlages. Hinweis zu § 52a UrhG: Weder das Werk noch seine Teile dürfen ohne eine solche Einwilligung eingescannt und in ein Netzwerk eingestellt werden. Dies gilt auch für Intranets von Schulen und sonstigen Bildungseinrichtungen.

Haftungshinweis: Trotz sorgfältiger inhaltlicher Kontrolle übernehmen wir keine Haftung für die Inhalte externer Links. Für den Inhalt der verlinkten Seiten sind ausschließlich deren Betreiber verantwortlich.

1. Auflage 2014

© Beltz Verlag, Weinheim, Basel 2014
Programm PVU Psychologie Verlags Union
http://www.beltz.de

Lektorat: Karin Ohms
Herstellung: Uta Euler
Illustrationen: Claudia Styrsky, München
Umschlagbild: Frauke Ditting, Hamburg
Satz: Beltz Bad Langensalza GmbH, Bad Langensalza
Gesamtherstellung: Beltz Bad Langensalza GmbH, Bad Langensalza

Printed in Germany

ISBN 978-3-621-28191-1

Inhalt

Vorwort 7

Geleitwort 9

Die Elterntipps im Überblick 11

1 Der Untergang der Titanic 15

2 Das veränderte Trinkverhalten von Jugendlichen 19

3 Die spezifische Alkoholgefahr für Jugendliche 25

4 Das Problem der gestörten Trinkkultur 29

5 Der Umgang mit Alkohol als Entwicklungsaufgabe 35

6 Wie lernt man Fahrradfahren? 41

7 Wie sage ich es meinem Kind: Kommunikationsstrategien 47

8 Risikoarmer Alkoholkonsum – The Big Three 55

9 Lernen durch Beobachtung 61

10 Mein eigener Umgang mit Alkohol 83

11 Lernen durch Probieren 90

12	**Lernen aus negativer Erfahrung**	100
13	**Häufige Fragen**	114
14	**Anhang**	121
	Vom Anfänger zum Profi: Wie trinkt man richtig?	122
	Meine Trinkregeln	125
	Der Alko-Check	126
	Programme und Adressen	132
15	**Glossar: Wichtige Fachbegriffe einfach erklärt**	134
16	**Weiterführende Literatur**	140
17	**Zum Schluss**	142
	Sachwortverzeichnis	144

Vorwort

Liebe Eltern,

egal, ob Sie vorbeugend verhindern möchten, dass Ihr Kind jemals schlechte Erfahrungen mit Alkohol macht, oder ob Sie wegen des bereits bestehenden Alkoholkonsums Ihres Kindes besorgt sind: Es ehrt Sie, dass Sie sich mit diesem Thema eingehend beschäftigen wollen. Denn Sie haben verstanden, dass es im Interesse Ihres Kindes äußerst lohnend ist, sich darüber Gedanken zu machen, wie Ihr Kind mit der in unserer Gesellschaft akzeptierten Droge Alkohol klarkommt.

Als Eltern haben Sie die Aufgabe und die Möglichkeit, Ihre Kinder vor den negativen Auswirkungen des Alkohols zu bewahren. Mehr noch: Sie können ihnen dabei helfen, einen risikoarmen Umgang mit Alkohol zu lernen. Denn Alkohol hat nun einmal zwei Seiten: Er ist ein angenehmes Genussmittel, doch ebenso verursacht er viel Leid und Schaden.

Dieses Buch unterstützt Sie in dreierlei Hinsicht:

(1) Es vermittelt Ihnen das nötige Hintergrundwissen über Alkohol, damit Sie selbst eine klare Orientierung haben und Ihrem Kind dieses Wissen vermitteln können. Wichtige Fachbegriffe sind mit einem Pfeil (→) gekennzeichnet, Sie finden sie im Glossar erläutert.

(2) Es gibt Ihnen ganz konkrete Hinweise, wie Sie mit Ihrem Kind über Alkohol sprechen und es unmittelbar dabei begleiten können, einen risikoarmen Umgang mit Alkohol für sich selbst zu finden. Dazu finden Sie Formulierungsvorschläge sowie kurze Materialien, in denen Sie und Ihr Kind Ihren Alkoholkonsum und die dabei gemachten Erfahrungen systematisch überprüfen können.

Die günstigen Formulierungen erkennen Sie an folgendem Symbol: 🍺, die ungünstigen an diesem: 🍺.

(3) Und schließlich zeigt es Ihnen, wie Sie konstruktiv auf Alkoholexzesse Ihres Kindes reagieren können. Auch hierzu finden Sie konkrete Formulierungsvorschläge und Vorgehensweisen im Sinne eines Notfallplans.

Zur schnellen Orientierung haben wir jeweils am Ende jedes Kapitels das Wichtigste in einem sogenannten Elterntipp zusammengefasst und mit folgendem Symbol markiert: 🍾.

Insgesamt wollen wir Sie ermutigen, das wichtige Thema Alkohol mit Ihrem Kind aktiv anzugehen. Wir wollen Sie befähigen, die Dinge bei allem Ernst der Thematik nicht einseitig abschreckend oder bevormundend anzusprechen, sondern in Ihrem Kind gezielt den Ehrgeiz zu wecken, möglichst rasch ein erwachsener Experte im Umgang mit Alkohol zu werden, ganz im Sinne unserer Leitidee:

Auch Trinken will gelernt sein!

Johannes Lindenmeyer und Thomas Lindenmeyer
Februar 2014

Geleitwort

Marlene Mortler, Die Drogenbeauftragte der Bundesregierung

Liebe Leserinnen und Leser,

fast täglich begegnen wir in den Medien dem Thema Jugend und Alkohol. Die Meldungen und Reportagen vermitteln uns nicht selten den Eindruck eines ständig wachsenden Problems. Die Statistiken zeigen allerdings, dass der Alkoholkonsum von Jugendlichen in Deutschland, wie auch in fast allen europäischen Ländern, seit gut zwei Jahrzehnten eher rückläufig bzw. stabil ist.

Ein Widerspruch? Nur auf den ersten Blick. Bei genauerer Betrachtung löst sich die Unstimmigkeit schnell auf. Geändert hat sich nämlich das Trinkverhalten der Jugendlichen. Vor allem die 12- bis 15-Jährigen trinken immer häufiger gar keinen Alkohol oder – wenn sie Alkohol konsumieren – seltener als noch vor etwa zehn Jahren. In dieser Altersgruppe ist auch das sogenannte Rauschtrinken (mehr als vier oder fünf Getränke bei einer Trinkgelegenheit) zurückgegangen. Bei den älteren Jugendlichen dagegen stagnieren die positiven Entwicklungen oder fallen geringer aus. Vor allem das Rauschtrinken ist aber mit einem erhöhten Risiko verbunden. Oft genug enden solche Exzesse mit schwerwiegenden Schäden. Schlimmer noch: Tödliche Verkehrsunfälle, bei denen Alkohol im Spiel ist, werden vor allem von jungen Menschen verursacht. Sie unterschätzen vielfach die Gefahren und kennen die Risiken nicht, denen sie sich aussetzen.

Doch wenn die Jugendlichen sich umschauen in der Welt der Erwachsenen, was sehen sie? Sie sehen eine Gesellschaft, in der zu den unterschiedlichsten Gelegenheiten ganz selbstverständlich

Alkohol konsumiert wird und das, seien wir ehrlich, nicht immer in geringen und somit risikoarmen Mengen.

Kein Wunder also, dass sich viele Eltern, Pädagogen und andere Personen, die Jugendliche betreuen, immer wieder die Frage stellen, wie jungen Menschen ein angemessener und risikoarmer Umgang mit Alkohol vermittelt werden kann.

Das vorliegende Buch setzt genau an diesem Punkt an. Es bietet Eltern eine gute und leicht verständliche Handreichung, wie sie ihren Kindern einen risikoarmen Umgang mit Alkohol beibringen können, der auch dann beibehalten und von den jungen Menschen praktiziert wird, wenn die Eltern nicht dabei sind.

Die Autoren unterscheiden immer wieder zwischen »Anfängern« und »Profis«. Das mag zunächst etwas ungewohnt sein. Die Autoren sind der Ansicht, dass, ähnlich wie beim Fahrrad- oder Autofahren, ein verantwortliches Handeln Schritt für Schritt eingeübt und gelernt werden muss, um allmählich vom Anfänger zum Profi zu werden.

Als Drogenbeauftragte der Bundesregierung unterstütze ich Ansätze, die Eltern und Fachkräften die nötige Kompetenz und Gelassenheit vermitteln, sich mit einer wirkungsvollen Alkoholprävention vertraut zu machen. Auch das vor Ihnen liegende Werk kann dazu beitragen, Schaden von Kindern fernzuhalten.

Liebe Leserinnen und Leser,

ich danke Ihnen für Ihr Interesse an einer guten Alkoholprävention und wünsche Ihnen eine spannende und ertragreiche Lektüre!

Ihre Marlene Mortler

Die Elterntipps im Überblick

Elterntipp 1
Natürlich gibt es vielfältige Drogenprobleme
in unserer Gesellschaft. Häufig wird aber von Eltern
übersehen, dass riskanter Alkoholkonsum von Jugendlichen
das mit Abstand häufigste Problem darstellt und daher
im Fokus der Aufmerksamkeit stehen sollte.

Elterntipp 2
Während der Alkoholkonsum bei Jugendlichen
insgesamt glücklicherweise eher rückläufig ist,
haben die Trinkexzesse immer mehr zugenommen.

Elterntipp 3
Das Hauptproblem von Trinkexzessen bei Jugendlichen
ist nicht die drohende Suchtgefahr, sondern
das unmittelbare Unfall- und Verletzungsrisiko.
Ein besonderes Risiko besteht hierbei für Mädchen.

Elterntipp 4
In einer gestörten Trinkkultur haben Jugendliche
keinen eindeutigen Bezugsrahmen, um von sich aus
einen angemessenen Umgang mit Alkohol zu entwickeln.

Elterntipp 5
In den meisten Fällen sind Trinkexzesse
bei Jugendlichen ein vorübergehender Ausdruck
eines notwendigen Entwicklungsprozesses,
eigene Normen und Regeln im Umgang
mit Alkohol zu entwickeln.

Elterntipp 6
Es nützt nichts, Ihr Kind lediglich vor den Gefahren
des Alkohols zu warnen. Stattdessen sollte Ihr Kind
gezielt den risikoarmen Umgang
mit Alkohol mit Ihrer Unterstützung erlernen.

Elterntipp 7
Ab einem bestimmten Alter können wir Kindern
nichts mehr vorschreiben, sondern nur noch
mit ihnen reden und gezielte Anreize
für ein angemessenes Verhalten setzen.
Vermeiden Sie dabei, Alkohol zu verteufeln,
sondern bezeichnen Sie Alkoholexzesse konsequent
als typische Anfängerfehler von Menschen,
die offenbar noch nicht in der Lage sind,
wie Profis einen risikoarmen Umgang
mit Alkohol zu beherrschen.

▶

Elterntipp 8
Konzentrieren Sie sich auf drei Dinge:
(1) Ein risikoarmer Alkoholkonsum bedeutet für Jugendliche maximal eine Trinkeinheit bei Mädchen beziehungsweise maximal zwei Trinkeinheiten bei Jungen bei einer Gelegenheit.
(2) Jugendliche sollten maximal ein Mal pro Woche Alkohol trinken.
(3) Vereinbaren Sie einen sicheren Heimweg, wenn Ihr Kind Alkohol getrunken hat.

Elterntipp 9
Achten Sie in Bezug auf Fernsehkonsum, Internet- und Handy-Nutzung sowie Kinobesuche streng darauf, dass Ihr Kind nicht unbeaufsichtigt und zu früh ungünstigen Beeinflussungsversuchen der Alkoholindustrie ausgesetzt ist.

Elterntipp 10
Bedenken Sie, dass wissenschaftlich nachgewiesen werden konnte, dass es für Kinder gegenüber anderen Gleichaltrigen sogar einen gewissen Vorteil bedeutet, wenn ihre Eltern ein eigenes Alkoholproblem erfolgreich bewältigt haben. Überprüfen Sie kritisch Ihren eigenen Alkoholkonsum.

▶

Elterntipp 11
Damit Ihr Kind nicht vollkommen ahnungslos
und als blutiger Anfänger seine ersten Erfahrungen
mit Alkohol unter Gleichaltrigen macht,
sollten Sie Ihr Kind ab und zu in Ihrer Gegenwart
Alkohol trinken lassen. Achten Sie hierbei
auf eine geringe Trinkmenge und einen sicheren Rahmen.
Vor allem besprechen Sie die dabei gemachten Alkoholerfahrungen mit Ihrem Kind, damit es möglichst
schnell die erforderlichen Kenntnisse
für einen risikoarmen Umgang mit Alkohol erlernt.

Elterntipp 12
Sollte es zu einem Alkoholexzess bei Ihrem Kind
kommen, machen Sie sich klar, dass es sich
um einen typischen Anfängerfehler bei Jugendlichen
im Umgang mit Alkohol handelt.

1 Der Untergang der Titanic

Im Jahre 1912 erlebte die Menschheit die erste Großkatastrophe des technischen Zeitalters: Die Titanic, das größte und modernste Schiff ihrer Zeit, stieß am 14.4.1912 auf ihrer ersten Atlantiküberquerung von England nach New York in der Nähe von Neufundland mit einem Eisberg zusammen. Der Ozeanriese mit 2 235 Mensch an Bord wurde unter Wasser in einer Länge von 100 Metern aufgerissen und sank innerhalb von drei Stunden. Da das Schiff viel zu wenig Rettungsboote besaß, starben 1 522 Menschen im eisigen Meerwasser. Schockiert und beunruhigt fragte damals die Öffentlichkeit nach den Ursachen des Unglücks, da die Titanic als unsinkbares Schiff gegolten hatte.

Die Untersuchung des amerikanischen Senatsausschusses ergab, dass Kapitän E. J. Smith bei dem Versuch, durch einen neuen Geschwindigkeitsrekord bei der Atlantiküberquerung das sogenannte »Blaue Band« zu gewinnen, die kürzere, nördliche Fahrtroute gewählt und hierbei die Gefahr von Eisbergen erheblich unterschätzt hatte. Er glaubte nämlich, auch nachts mögliche Eisberge wegen des reflektierenden Lichts an ihren hellen Kanten rechtzeitig erkennen zu können.

Nun ist bei einem Eisberg jeweils der größte Teil unter der Wasseroberfläche verborgen, lediglich ungefähr ein Neuntel ragt aus dem Wasser heraus. Die Gefahr eines Zusammenstoßes unter Wasser ist bei Schiffen mit großem Tiefgang somit schon längst gegeben, wenn ein Eisberg über Wasser noch weit entfernt zu sein scheint. Genau dieser Umstand wurde der Titanic zum Verhängnis. In dem seeamtlichen Untersuchungsbericht hieß es dazu abschließend: »Die Titanic ist untergegangen, weil sie unklug geführt und trotz reichlicher Warnungen mit voller Geschwindigkeit in eine Gefahr gebracht wurde, der man leicht hätte ausweichen können.«

Der Suchteisberg

Was hat das alles Ihnen und Ihrem Kind zu tun? Die meisten Eltern denken bei Suchtproblemen an Drogenabhängige oder schwere Fälle von Alkoholabhängigkeit. Sie hören in den Medien von immer neuen Drogen und machen sich große Sorgen, dass ihr Kind mit solchen Substanzen in Berührung kommt. Tatsächlich haben wir in Deutschland etwa 300 000 *Drogenabhängige*, mit sinkender Tendenz. Auch der Konsum von Cannabis ist unter Jugendlichen seit zehn Jahren rückläufig: Circa 0,8 Prozent aller Jugendlichen im Alter von 12 bis 17 Jahren rauchen regelmäßig Cannabis. Lediglich circa 1 Prozent aller Jugendlichen im Alter von 12 bis 17 Jahren hat innerhalb der letzten zwölf Monate überhaupt einmal eine andere illegale Droge probiert. Nun wollen wir diese Probleme wahrlich nicht verharmlosen. Aber die Wahrscheinlichkeit, dass Ihr Kind drogenabhängig wird oder ein ernsthaftes Problem mit Drogen bekommt, ist rein statistisch betrachtet eher gering.

Die Zahl der *Alkoholabhängigen* ist mit circa 1,8 Millionen schon deutlich größer. Aber auch hier ist die Gefahr, dass Ihr Kind innerhalb der nächsten Jahre eine Alkoholabhängigkeit entwickelt, immer noch gering. Denn eine Alkoholabhängigkeit tritt nicht von einem Tag auf den anderen ein, sondern entwickelt sich in der Regel ganz schleichend über einen Zeitraum von vielen Jahren.

Drogenkonsum und Alkoholabhängigkeit sind allerdings lediglich die Spitze des Suchtmitteleisbergs (vgl. Abbildung 1). Gewissermaßen unter der Wasseroberfläche verborgen, das heißt lange Zeit vollkommen unbemerkt, befinden sich weitere 3,1 Millionen Menschen mit einem sogenannten *schädlichen Alkoholkonsum*. Diese Personen sind nicht süchtig, sie haben allerdings durch ihr Trinken bereits erhebliche körperliche, psychische oder soziale Schäden erlitten. Aber auch dies dürfte zum Glück nur auf wenige Kinder im Alter zwischen 12 und 18 Jahren zutreffen.

Dagegen wollen wir Ihre Aufmerksamkeit als Eltern gezielt darauf lenken, dass es eine noch größere Zahl von mindestens 7,4 Millionen Menschen gibt, die einen *riskanten Alkoholkonsum* aufweisen. Das heißt, den Betroffenen ist bislang noch nichts passiert, aber das Risiko von schweren Schäden ist deutlich erhöht. Entscheidend ist, dass dies aber – um im Bild unseres Suchteisberges zu bleiben – unter der Wasseroberfläche des in unserem Lande normalen Alkoholkonsums stattfindet. Das heißt, weder die Betroffenen selbst noch ihre Umgebung sind sich dieses Risikos wirklich bewusst. Sie haben vielmehr das Gefühl, ganz »normal« zu trinken.

Abbildung 1 Der Suchteisberg

Dieser Punkt hat nun entscheidende Bedeutung für Ihr Kind, das früher oder später anfangen wird oder bereits angefangen hat, Alkohol zu trinken. Denn wenn wir den Alkoholkonsum über die Lebensspanne betrachten, so fällt auf, dass heutzutage fast die Hälfte aller Jugendlichen einen riskanten Trinkstil mit wiederkehrenden Alkoholexzessen aufweist. Die Exzesse nehmen erst ab etwa dem 23. Lebensjahr wieder ab. Der Grund hierfür liegt darin, dass kein Erwachsener Jugendliche im Umgang mit Alkohol unterweist, sondern sie allein unter Gleichaltrigen experimentieren. Die Gefahr ist dabei nicht, dass sie alle süchtig werden, die Gefahr ist vielmehr, dass sie nicht schnell genug lernen, wie man »richtig« trinkt. Das heißt, dass es zu Alkoholvergiftungen, Unfällen, Körperverletzungen durch Auseinandersetzungen oder sexuellen Übergriffen kommt, die die Betroffenen lebenslang zeichnen können.

Elterntipp 1

Natürlich gibt es vielfältige Drogenprobleme in unserer Gesellschaft. Häufig wird aber von Eltern übersehen, dass riskanter *Alkohol*konsum von Jugendlichen das mit Abstand häufigste Problem darstellt und daher im Fokus der Aufmerksamkeit stehen sollte.

2 Das veränderte Trinkverhalten von Jugendlichen

Nun werden Sie vielleicht einwenden, das war doch schon immer so und ein ordentlicher Rausch hat noch niemandem geschadet. Natürlich haben Jugendliche schon immer über die Stränge geschlagen. Und wir wollen auch nicht in allgemeines Jammern verfallen, dass früher alles besser war. Andererseits hat sich in den letzten Jahren das Trinkverhalten von Jugendlichen verändert und darauf müssen Sie sich als Eltern einstellen.

Jugendliche trinken weniger Alkohol
Die sensationslüsterne Berichterstattung über Alkoholprobleme von Jugendlichen in den Massenmedien kann fälschlicherweise den Eindruck erwecken, dass der Alkoholkonsum und damit die Alkoholprobleme unter Jugendlichen stetig zunehmen würden. Dies ist aber keineswegs der Fall! Tatsächlich ist der Alkoholkonsum unter Jugendlichen seit etwa 1979 in Deutschland wie auch in fast allen europäischen Ländern eher rückläufig bzw. stabil (vgl. Abbildung 2). Alkohol macht dick und müde. Beides ist nicht im Interesse von Jugendlichen. Auch die Ästhetik einer Bier- oder Weinflasche – aus den 1960er-Jahren stammend – ist nicht geeignet, Jugendliche neugierig zu machen. Und schließlich entsprechen der bittere Geschmack von Bier bzw. die relativ geringe Süße von Wein oder Schnaps nicht mehr den von der Süßwarenindustrie geprägten Geschmacksgewohnheiten von Jugendlichen. Entsprechend ist auch unter Jugendlichen keine vermehrte Tendenz zur Alkoholabhängigkeit festzustellen. So weit die gute Nachricht.

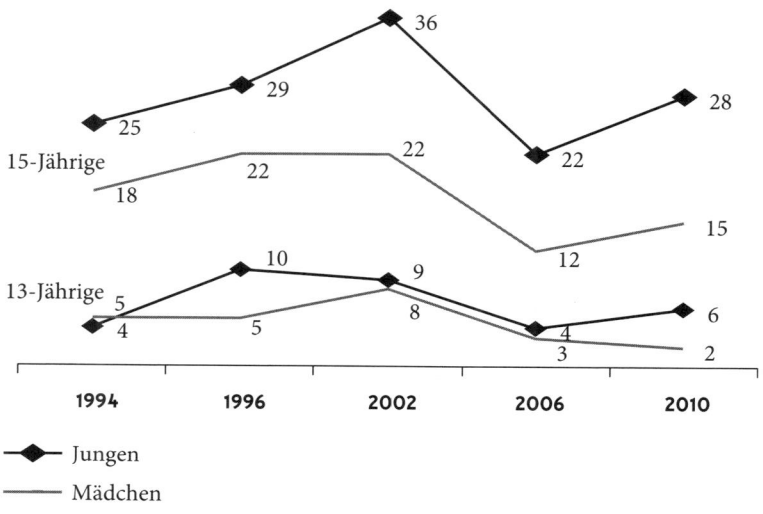

Abbildung 2 Der Anteil (Prozent) der regelmäßigen Alkoholkonsumenten unter Jugendlichen ist rückläufig (HBSC Studie, 2010; Kolip et al., 2013)

Gehäufte Alkoholexzesse

Warum dann aber all die Aufregung über den Alkoholkonsum von Jugendlichen? Tatsächlich ist unter Jugendlichen in fast allen Ländern der westlichen Welt eine zunehmende Polarisierung des Umgangs mit Alkohol zu beobachten. Während einerseits der Gesamtverbrauch von Alkohol rückläufig ist, hat andererseits seit etwa 1999 die Häufigkeit und vor allem die Heftigkeit von Alkoholexzessen erheblich zugenommen: In einer repräsentativen Studie an Jugendlichen in der 9. und 10. Klasse in verschiedenen Ländern der Europäischen Union (sog. ESPAD-Studie 2011) gaben 53 Prozent aller deutschen Teilnehmer Trunkenheitserlebnisse in den letzten 30 Tagen an, indem sie mehr als fünf → Trinkeinheiten/Gläser bei einer Gelegenheit getrunken haben (vgl. Abbildung 3). Die aktuellsten Zahlen findet man jeweils bei der Bundeszentrale für gesundheitliche Aufklärung (http://www.bzga.de).

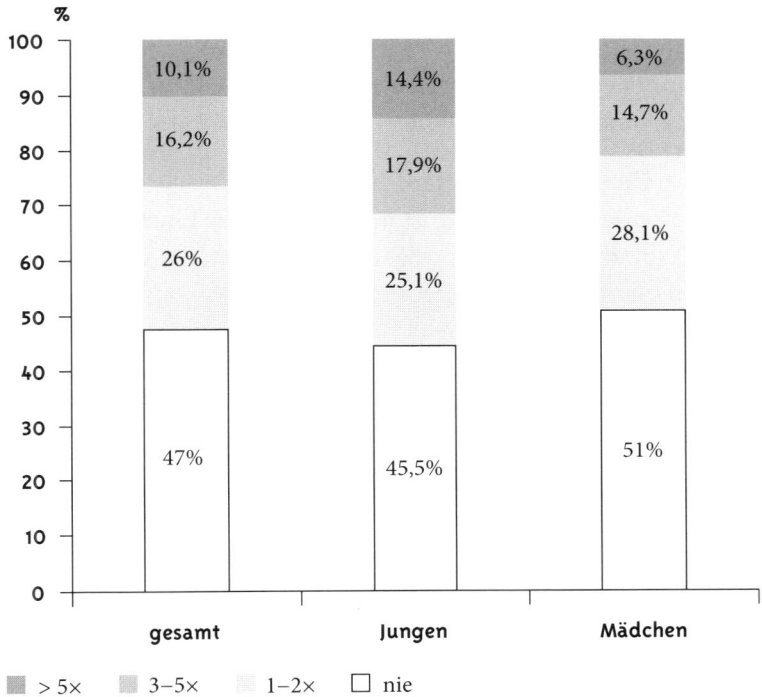

■ >5× ■ 3–5× ■ 1–2× ☐ nie

Abbildung 3 Die Häufigkeit von Trinkexzessen unter Jugendlichen (ESPAD-Studie 2011; Kraus et al., 2012)

Um die Alkoholrisiken bei Jugendlichen zu verstehen, muss man sich vergegenwärtigen, dass nicht die Gesamttrinkmenge entscheidend ist, sondern dass sich 90 Prozent des Alkoholkonsums von Jugendlichen als Trinkexzess von mehr als fünf Gläsern

Tabelle 1 Die Zunahme an Krankenhausaufenthalten von Jugendlichen wegen Alkoholvergiftung

2000	2002	2004	2006	2008	2010	2012
9500	12800	16400	19500	25700	26000	26700

ereignen. Entsprechend ist seit dem Jahr 2000 eine Zunahme von Jugendlichen, die mit schwerer → Alkoholvergiftung in Krankenhäuser eingeliefert werden mussten, in Höhe von 181 Prozent zu verzeichnen (vgl. Tabelle 1).

Immer früheres Einstiegsalter

Von besonderer Bedeutung ist hierbei, dass das Einstiegsalter für diese Trinkexzesse immer mehr gesunken ist. In den meisten europäischen Ländern findet der erste Alkoholkonsum mittlerweile vor dem 13. Lebensjahr statt. Dies bedeutet, dass Jugendliche bereits kurz nach dem erstmaligen Alkoholkonsum (gemeint ist mehr als nur ein Schluck) auch ihren ersten Rausch erleben.

Keine Abhängigkeit von sozialer Schicht

Anders als beim Rauchen ist hoher Alkoholkonsum von Jugendlichen nicht mit geringem Einkommen der Eltern verbunden. Ganz im Gegenteil, Jungen mit einem hohen familiären Wohlstand trinken sogar tendenziell etwas mehr Alkohol als Jungen aus weniger wohlhabenden Familien. Trinkexzesse ereignen sich bei Jugendlichen aus allen sozialen Schichten. Bei Mädchen ist überhaupt kein Einfluss der sozialen Schicht auf den Alkoholkonsum erkennbar.

Die Rolle von Alkopops und alkoholischen Mischgetränken

Um dem Rückgang des Alkoholkonsums von Jugendlichen zu begegnen, hat die Alkoholindustrie seit 1997 mit der systematischen Vermarktung von alkoholhaltigen Mixgetränken (sogenannte → Alkopops) begonnen, die sich in ihrer farbigen Aufmachung und ihrem hohen Zuckergehalt gezielt am Geschmack von Jugendlichen orientieren. Zwischen 1998 und 2003 hatte sich der Verkauf von Alkopops vervierfacht. Sie wurden zwischenzeitlich zum beliebtesten alkoholischen Getränk von Jugendlichen, vor allem Mädchen unter 17 Jahren, die sich oftmals des hohen → Alkoholgehalts gar nicht bewusst waren.

Zwar sind seit der spürbaren Steuererhöhung die Verkaufszahlen von Alkopops seit 2004 wieder rückläufig, dies hat aber leider nicht viel an den einmal entstandenen Trinkgewohnheiten von Jugendlichen geändert: Nunmehr werden verstärkt selbst harte Alkoholika mit Süßgetränken gemixt. Außerdem hat die Alkoholindustrie von der Steuererhöhung nicht betroffene Alkoholmixgetränke auf der Basis von Bier und Wein auf den Markt gebracht. Der hohe Zuckeranteil führt zu einem verstärkten Konsum, da sich kein Durstlöschgefühl einstellt und außerdem der Alkohol nicht geschmeckt wird. Dadurch fehlen zwei entscheidende körperliche Hinweisreize für einen gemäßigten Alkoholkonsum.

Flatrate-Trinken
Verschiedene Kneipen und Diskotheken haben sich auf den exzessiven Trinkstil von Jugendlichen eingestellt, indem sie für einen einmaligen Eintrittsbetrag einen unbegrenzten Alkoholkonsum ermöglichen. Da nicht jeweils für jedes weitere Getränk bezahlt werden muss, entfällt jeder Geld-Anreiz für einen gemäßigten Konsum. Außerdem spricht die Einrichtung einer sogenannten »Trinkflatrate« gezielt jene Subgruppe von exzessiv trinkenden Jugendlichen an, die dann unter sich keinerlei soziale Korrektur hinsichtlich ihres Alkoholkonsums durch Gleichaltrige erfahren.

Vorglühen
Mit diesem Begriff bezeichnen Jugendliche die Angewohnheit, unmittelbar vor dem Besuch einer Diskothek, einer privaten Party oder sonstigen Veranstaltung bereits auf der Straße größere Mengen mitgebrachten Alkohol zu trinken. Neben dem wirtschaftlichen Motiv, dass die alkoholischen Getränke im Supermarkt wesentlich preiswerter erstanden werden können, möchten

Jugendliche auf diese Weise bereits vorab gezielt soziale Hemmungen bzw. Unsicherheit vor der Begegnung mit Gleichaltrigen abbauen. Weil hierbei typischerweise harte Alkoholika selbst gemixt mit Süßgetränken direkt aus großen Flaschen getrunken werden, ist es für die Betroffenen besonders schwer, die tatsächlich getrunkene Alkoholmenge abzuschätzen.

Elterntipp 2

Während der Alkoholkonsum bei Jugendlichen insgesamt glücklicherweise eher rückläufig ist, haben die Trinkexzesse immer mehr zugenommen. Etwa 90 Prozent des von Jugendlichen konsumierten Alkohols werden im Exzess getrunken. Die meisten Trinkexzesse ereignen sich vor dem 23. Lebensjahr.

3 Die spezifische Alkoholgefahr für Jugendliche

Nun wollen wir den Alkohol aber nicht verteufeln. Schließlich trinkt hierzulande die Mehrheit der Erwachsenen Alkohol. Und ein gelegentlicher Schwips ist sicherlich keine Katastrophe. Vielleicht trinken auch Sie als Eltern gerne ein Glas Bier, Sekt oder Wein. Das wollen wir Ihnen in keiner Weise vermiesen. Wir wollen im Folgenden vielmehr aufzeigen, worin heutzutage ganz konkret die eigentlichen Gefahren bei den eben geschilderten Trinkgewohnheiten von Jugendlichen liegen.

Kein vorrangiges Suchtproblem
Die gesundheitlichen Risiken durch Alkohol bei Jugendlichen unterscheiden sich grundlegend von den Gefahren durch übermäßigen Alkoholkonsum bei Erwachsenen. So ist das Risiko für die üblicherweise mit Alkohol in Zusammenhang gebrachten körperlichen Langzeitschäden der Leber, der Bauchspeicheldrüse usw. bei Jugendlichen noch äußerst gering. Insbesondere wird aber der Zusammenhang zwischen frühen Alkoholexzessen und späterer Alkoholabhängigkeit überschätzt. Tatsächlich besteht ein erhöhtes Suchtrisiko dann, wenn Alkoholexzesse im Jugendalter gemeinsam mit weiteren Verhaltensstörungen, wie zum Beispiel → ADHS, antisozialem Verhalten (vor allem Gewalttätigkeit) und mangelhafter Impulssteuerung, einhergehen. In den allermeisten Fällen handelt es sich bei Alkoholexzessen von Jugendlichen dagegen um eine zeitlich begrenzte Entwicklungsphase, die spätestens ab dem 23. Lebensjahr wieder abnimmt und nur wenig Beziehung zu Alkoholproblemen im Erwachsenenalter aufweist.

Unmittelbares Unfallrisiko

Zu beachten ist vielmehr, dass Alkoholexzesse bei Jugendlichen ganz unmittelbar mit einer besonders hohen Gefahr von Vergiftungen, Verletzungen, Gewalttaten und -erfahrungen sowie von Unfällen verbunden sind. Außerdem besteht durch den alkoholbedingten Enthemmungseffekt ein Zusammenhang mit riskantem Sexualverhalten und der Anzahl sexueller Partner. Für Jugendliche besteht insbesondere ein spürbar erhöhtes Risiko für unbeabsichtigte Verletzungen durch Stürze, aggressive Entgleisungen, Verkehrsunfälle und sexuelle Übergriffe, die schlimmstenfalls tödlich sein oder lebenslange Beeinträchtigungen und Entstellungen nach sich ziehen können.

Eine Reihe von Umständen erklärt, warum das alkoholbedingte Risiko bei Jugendlichen hierbei höher ist als im Erwachsenenalter:

- ▶ Spezielle Empfindlichkeit des → Hippocampus im Gehirn von Jugendlichen für neurophysiologische Alkoholschäden, zum Beispiel in Form einer Beeinträchtigung des Langzeitgedächtnisses.
- ▶ Geringere Alkoholtoleranz und größere Unerfahrenheit der Jugendlichen im Umgang mit Alkohol. Dies ist sowohl dem noch nicht regelmäßigen Alkoholkonsum von Jugendlichen als auch dem im Vergleich zu Erwachsenen geringeren Körpergewicht geschuldet.
- ▶ Gefährliche Trinksituationen: Jugendliche konsumieren Alkohol verstärkt im öffentlichen Raum. 67 Prozent besuchen mindestens einmal im Monat eine Gaststätte, 58 Prozent mindestens einmal im Monat eine Party und 38 Prozent mindestens einmal im Monat eine Disco.
- ▶ Mangelnde Fahrpraxis: Bereits ab 0,4 → Promille steigt bei Jugendlichen deutlich das Risiko für Verkehrsunfälle.
- ▶ Sexuell aktive Zeit: Unter Alkohol besteht ein besonders hohes Risiko für ungeschützten Sex oder sexuelle Übergriffe.

Besonderes Risiko bei Mädchen
Zwar trinken Mädchen deutlich seltener und – wenn sie denn trinken – auch weniger Alkohol als gleichaltrige Jungen. Diese geschlechtsspezifischen Unterschiede sind aber wesentlich geringer als in der erwachsenen Bevölkerung und nehmen vor allem in letzter Zeit immer weiter ab. Ein besonderes Problem stellt hierbei der Umstand dar, dass Mädchen bei gleichem Alkoholkonsum wie die mittrinkenden Jungen ihrer → Peergruppe einen fast doppelt so hohen Promillewert erreichen. Außerdem bestehen folgenreiche Missverständnisse zwischen den Geschlechtern: Während Mädchen häufig befürchten, dass sie von Jungen nicht geachtet werden, wenn sie keinen Alkohol trinken, gelten sie in den Augen der Jungen unter Alkohol als weniger achtenswertes und leichter erreichbares Sexualobjekt. Verschärft werden alle diese Risiken durch den vorrangigen Kontakt von Mädchen zu ein bis zwei Jahre älteren Jungen.

Gefahr für andere
Abschließend darf nicht vergessen werden, dass bei Alkoholexzessen nicht nur eine erhöhte Gefahr für die Trinkenden selbst besteht, sondern immer auch für alle Personen in ihrer Nähe. Das heißt, alkoholisierte Jugendliche stellen auch ein Risiko für nichtalkoholisierte Jugendliche dar, die unmittelbar mit ihnen zusammen sind. Ein extremes Beispiel hierfür ist das sogenannte »Gate Crashing«, bei dem plötzlich fremde, erheblich betrunkene Jugendliche auf einer Party erscheinen und die dort anwesenden Jugendlichen terrorisieren. Erwähnt sei auch das Risiko für die Beifahrer von alkoholisierten Fahrern: Etwa ein Drittel aller 19-Jährigen gibt an, im letzten Monat mindestens einmal bei einem alkoholisierten Fahrer mitgefahren zu sein. Der Klassiker ist der sogenannte »Disco-Unfall«, definiert als schwerer Alleinunfall durch Kontrollverlust, der sich auf einer Freizeitfahrt mit

Freunden unter Alkoholeinfluss bei hoher Geschwindigkeit am Wochenende in der Nacht ereignet.

> **Elterntipp 3**
>
> Das Hauptproblem von Trinkexzessen bei Jugendlichen ist nicht die drohende Suchtgefahr, sondern das unmittelbare Unfall- und Verletzungsrisiko. Ein besonderes Risiko besteht hierbei für Mädchen.

4 Das Problem der gestörten Trinkkultur

Um besser verstehen zu können, warum so viele Jugendliche zu riskantem Alkoholkonsum neigen, müssen wir uns etwas ausführlicher damit beschäftigen, wie in unserer Gesellschaft ganz allgemein mit Alkohol umgegangen wird. Anhand der Metapher des Suchteisbergs kann man prinzipiell zwischen drei gesellschaftlichen Situationen in punkto Alkohol unterscheiden:

(1) Abstinenzkulturen. In diesen Ländern, zum Beispiel Saudi-Arabien, trinkt die Mehrheit der Bevölkerung keinen Alkohol. Der Wasserspiegel ist somit ganz unten. Unter diesen Bedingungen fahren kaum Schiffe auf den Eisberg, weil sie rechtzeitig sehen, dass ein Hindernis naht. Entsprechend gibt es in diesen Ländern auch so gut wie keine Alkoholabhängigen. Jeder Alkoholkonsum ist abweichend und auffallend und wird von der Umwelt sofort deutlich sanktioniert bzw. korrigiert. Nur in Abstinenzkulturen haben Alkoholverbote einen Sinn.

(2) Trinkkulturen. In den Ländern um den Mittelmeerraum herum, z. B. Italien oder Spanien, herrscht traditionell ein hoher Alkoholkonsum, das heißt, der Wasserspiegel um den Eisberg ist sehr hoch: Die Mehrheit der Bevölkerung trinkt täglich v. a. zu den Mahlzeiten Alkohol. Allerdings herrschen in diesen Ländern sehr klare Regeln im Umgang mit Alkohol, die einen risikoarmen Konsum deutlich von schädlichen Trinkformen abgrenzen. Damit Ihnen deutlich wird, was gemeint ist, hier ein Beispiel: In Italien ist ein Rausch selbst für einen jungen Mann ungefähr so toll, wie wenn er sich vor anderen in die Hose gemacht hätte. Kein Mädchen schaut ihn mehr an, denn wenn er schon zu »blöde« ist zum Trinken, dann wird er auch sonst nicht viel taugen. Das wäre bei uns ganz anders. Hier könnte ein Jugendlicher mit seinem Besäufnis angeben. Natürlich finden wir auch nicht alles gut, was er im Suff gemacht hat, aber er ist eher entschuldigt, denn nüchtern ist er ja ganz anders. In den Trinkkulturen ist der Wasserspiegel zwar hoch, aber das Wasser ist glasklar. Dadurch sind die Untiefen deutlich sichtbar, sodass nur sehr wenige Schiffe auf den Eisberg fahren. Entsprechend gibt es in den Trinkkulturen trotz hohen Alkoholkonsums auch nur vergleichsweise geringe Alkoholprobleme.

(3) Gestörte Trinkkulturen. In diesen Ländern herrscht ebenfalls ein hoher Alkoholkonsum, also ein hoher Wasserspiegel um den Eisberg: Die Mehrheit der Bevölkerung trinkt regelmäßig Alkohol. Aber anders als bei den Trinkkulturen ist das Wasser hier sehr trübe, es ist Nacht, es herrscht Nebel und es regnet oder schneit. Das sind natürlich ideale Bedingungen dafür, dass Schiffe auf einen Eisberg fahren. Entsprechend herrschen in diesen Ländern keine hilfreichen Regeln im Umgang mit Alkohol. Keiner zeigt Jugendlichen, wie es richtig geht. Vielmehr können sie sich, sozusagen unterhalb der Wasseroberfläche, einen immer gefährlicheren Trinkstil angewöhnen, ohne dass es ihnen selbst oder ihren Freunden irgendwie auffällt. Es verwundert nicht, dass es in den gestörten Trinkkulturen besonders viele Alkoholprobleme gibt.

Nasse Trinkregeln

Wir müssen uns klar machen, dass unsere Kinder in einer gestörten Trinkkultur aufwachsen. Das heißt, sie haben sehr schlechte Chancen, rechtzeitig einen risikoarmen Alkoholkonsum zu erlernen. Wir wollen Ihnen das an zwei Regeln verdeutlichen, an denen sich der Alkoholkonsum hierzulande orientiert:

(1) Alkohol gehört dazu. In einer Vielzahl von Situationen ist es hierzulande üblich, Alkohol zu trinken. Die allerhäufigsten Trinksituationen sind Geselligkeit, Fernsehen und Kneipen:

▶ Beim geselligen Beisammensein wird das Trinken von Alkohol geradezu erwartet. 85 Prozent der Bevölkerung sind der Meinung, dass es zum guten Ton gehöre, für Gäste alkoholische Getränke bereitzuhalten. Noch mehr als gemeinsame Mahlzeiten stärkt gemeinsames Trinken die sozialen Bindungen zwischen Menschen, weswegen man Alkohol auch als »soziales Schmiermittel« bezeichnet. Bei einer Reihe von Festlichkeiten ist Alkohol ein wesentlicher Teil oder zumindest ein unverzichtbares Anhängsel.

▶ Die häufigsten Tätigkeiten beim Fernsehen sind Alkoholtrinken und Rauchen. Entsprechend ist Alkohol auf der Mattscheibe auch allgegenwärtig. In jeder Stunde sieht der Zuschauer im Schnitt neun Szenen mit Alkohol. Sportsendungen werden gezielt umrahmt von den Werbespots der Alkoholindustrie.

▶ Die dritthäufigste Trinksituation sind Kneipen. Deswegen hat jede Kneipe auch besondere Verträge mit Alkoholherstellern, die dann die Ausstattung stellen und im Gegenzug ihr Schild aufstellen dürfen. Durch den hohen Umsatz ist Alkohol in Kneipen auch vergleichsweise billig. Sehr häufig kosten Apfelsaftschorle oder andere nicht-alkoholische Getränke mehr als ein Glas Bier.

Alle drei Situationen sind besonders relevant für Jugendliche. Sie haben hierbei immer das Gefühl, eben »mitgetrunken« zu haben. Es bedarf hier keiner persönlichen Trinkmotive. Ganz im Gegenteil, Ihr Kind hat eher das Gefühl, von der Norm abzuweichen, wenn es hierbei keinen Alkohol trinkt.

(2) Trinke so viel wie dein Nachbar. Es gibt hierzulande einfach keine klare Vorstellung darüber, wie viel Alkohol man trinken kann und ab wann man besser aufhören sollte. Stattdessen hängt es von der Trinksituation und dem Alkoholkonsum der Mittrinkenden ab, welche Alkoholmenge als angemessen angesehen wird. Die gleiche Trinkmenge stärkt das Zusammengehörigkeitsgefühl der Beteiligten und stellt häufig eine Art Statussymbol für Gastfreundschaft, Wohlstand oder guten Geschmack dar.

Entsprechend orientieren sich Jugendliche hinsichtlich der Trinkmenge unwillkürlich am Alkoholkonsum ihrer jeweils mittrinkenden Freunde. Sie finden nichts dabei, auf einer Party, auf der nicht wenige Anwesende viel Alkohol trinken, ebenfalls verstärkt Alkohol zu trinken, »weil das doch alle so machen«.

Es ist offensichtlich, dass diese sogenannten »nassen« Trinkregeln Jugendliche nicht vor einem schädlichen Konsum bewahren. Ganz im Gegenteil, selbst Jugendliche mit Trinkexzessen bewegen sich immer noch innerhalb dieser Regeln. Sie tun dies in Gesellschaft anderer, die ebenfalls zu viel Alkohol trinken. Sie haben dabei in der Trinksituation keinerlei Unrechtsbewusstsein, sondern ganz im Gegenteil zu Recht das Gefühl, im Einklang mit den Normen und Erwartungen ihrer Altersgruppe zu handeln. Entsprechend brauchen in unserem Land Jugendliche auch besonders lange und manche erst leidvolle Erfahrungen, bis sie mit Alkohol klarkommen.

Das Dilemma der Trinkfestigkeit

Nun gibt es unter Jugendlichen erhebliche Unterschiede hinsichtlich der Verträglichkeit von Alkohol: Sowohl die für einen Rausch benötigte Trinkmenge als auch das Ausmaß des Katers am nächsten Tag können individuell stark variieren. Ungünstigerweise neigen gerade jene Jugendliche eher zu Alkoholproblemen im Erwachsenenalter, die Alkohol am besten vertragen: Sie fühlen sich gewissermaßen gegen Alkohol gefeit, weil sie im Vergleich zu Gleichaltrigen weniger negative Konsequenzen erfahren, und konsumieren daher achtloser größere Mengen Alkohol.

Weil Trinkfestigkeit unter Jugendlichen als positive Eigenschaft und Anzeichen von Stärke gilt, versuchen viele, ihre Alkoholverträglichkeit sogar gezielt zu steigern. Sie sind sich nicht bewusst, dass → Toleranzsteigerung ein erster Schritt in Richtung Alkoholabhängigkeit darstellen kann, indem sich ihr Körper immer mehr auf Alkohol einstellt, und Alkoholfreiheit irgendwann als Mangelzustand erlebt.

> **Elterntipp 4**
>
> In einer gestörten Trinkkultur haben Jugendliche keinen eindeutigen Bezugsrahmen, um von sich aus einen angemessenen Umgang mit Alkohol zu entwickeln. Besonders gefährdet sind Jugendliche, die viel Alkohol vertragen.

5 Der Umgang mit Alkohol als Entwicklungsaufgabe

Kinder entwickeln bereits ab dem dritten Lebensjahr eine erste Vorstellung über die Wirkung von Alkohol. Spätestens bis zum achten Lebensjahr haben Kinder sogar eine relativ angemessene Vorstellung von der angenehmen, aber auch unangenehmen Wirkung von Alkohol entwickelt. Sie wissen beispielsweise, dass Alkohol kein Getränk für Kinder ist, und sie fürchten sich davor, jemals betrunken zu sein.

Mit Beginn des Jugendalters entwickeln Jugendliche dann aber immer positivere Wirkungserwartungen bezüglich Alkohol. Das ist auch nicht verwunderlich, denn lediglich etwa 3,6 Prozent der erwachsenen Bevölkerung trinken hierzulande überhaupt keinen Alkohol. Die Jugendlichen glauben beispielsweise, dass sie unter Alkohol attraktiver auf das andere Geschlecht wirken. Fälschlicherweise haben Jugendliche hierbei eine lineare Wirkungserwartung nach dem Motto: je mehr Alkohol, desto besser die Wirkung.

Tatsächlich wirkt sich eine positive Wirkungserwartung auf das Trinkverhalten aus: Je positiver Jugendliche die Wirkung von Alkohol einschätzen, desto mehr Alkohol trinken sie auch. Vier verschiedene Wirkungserwartungen haben sich dabei unter Jugendlichen als relevant erwiesen:
(1) »mit Alkohol fühlt man sich gut«
(2) »mit Alkohol wird man anerkannt«
(3) »mit Alkohol kann man unangenehme Gefühle dämpfen«
(4) »mit Alkohol vermeidet man soziale Ausgrenzung«
Positive Alkoholwirkungserwartungen sind deshalb so bedeutsam, weil nachgewiesenermaßen ein Teil der tatsächlich von

Jugendlichen erlebten Alkoholwirkung auf einem reinen → Placeboeffekt beruht.

Der Erwartungseffekt bei Alkohol

Einer der berühmtesten Suchtforscher, der amerikanische Psychologe Professor Alan Marlatt, konnte in einem denkwürdigen Experiment zeigen, dass der enthemmende Effekt von Alkohol auch dann eintritt, wenn wir nur denken, dass wir Alkohol trinken, selbst wenn dies tatsächlich gar nicht der Fall ist.

Er lud ahnungslose Freiwillige, die gerne Alkohol tranken, in eine Versuchskneipe ein, in der scheinbar Bier, Wein und andere Alkoholika ausgeschenkt wurden. Alle angebotenen Getränke enthielten aber tatsächlich keinerlei Alkohol. Die Anwesenden kamen in beste Stimmung, wurden sichtbar lockerer und direkter im Umgang, nur weil sie dachten, Alkohol zu trinken, obwohl dies gar nicht der Fall war. Es handelt sich somit um einen reinen Erwartungseffekt.

Weil Jugendliche Alkohol meist gemeinsam mit Gleichaltrigen in Situationen trinken, die sie sehr aufregend und attraktiv finden, knüpfen sie ganz automatisch positive Wirkungserwartungen an Alkohol. Der Konsum von Alkohol dient Jugendlichen als Instrument zur Bewältigung von sogenannten Entwicklungsaufgaben zwischen dem zwölften und 16. Lebensjahr:
- ▶ der Aufbau von Beziehungen zu Gleichaltrigen,
- ▶ die Abgrenzung von den Eltern,
- ▶ die Notwendigkeit, Normen und Grenzen für die eigene Identitätsbildung zu finden,
- ▶ der Druck, emotionale Beständigkeit (Coolness), Leistungsfähigkeit und Verhaltensstabilität zu zeigen.

Entscheidend ist, dass all diese Entwicklungsprozesse aufgrund der früher eintretenden sexuellen Reife und einer allgemeinen Lockerung der sozialen Kontrolle heutzutage in einem jüngeren Lebensalter beginnen als früher. Gleichzeitig wurden Jugendliche durch die Alkoholindustrie als eigenständige Kunden entdeckt und werden durch Alkoholwerbung gezielt angesprochen. Entsprechend beginnen Jugendliche heutzutage auch früher, selbstständig Alkohol zu konsumieren.

Das Problem ist, dass dadurch wichtige Lebenserfahrungen unter Alkohol gemacht werden. Jugendliche können das Gefühl bekommen, dass der Alkohol ein wichtiges Instrument ist, um diese Situationen positiv zu erleben, während es sich tatsächlich eher um einen Erwartungseffekt handelt und die Situation genauso positiv ohne Alkohol wäre. Insbesondere entsteht auf diese Weise die fatale Überzeugung: »Je mehr Alkohol, desto besser.«

Die Dominanz der Peergruppe
Der Umgang mit Alkohol ist bei Jugendlichen kein Verhalten, das vorrangig von Erwachsenen übernommen wird, sondern ein Phänomen, das vor allem durch die Normen innerhalb ihres Freundeskreises bestimmt wird. Hier bildet sich der persönliche Trinkstil eines Jugendlichen auf der Grundlage von konkreten Alkoholerfahrungen mit Gleichaltrigen heraus:
▶ Das Trinkverhalten eines Jugendlichen wird einerseits im Sinne sozialer Verstärkung unmittelbar durch den Alkoholkonsum seines Freundeskreises geprägt.
▶ Umgekehrt suchen sich Jugendliche aber auch im Sinne sozialer Selektion Freunde, die einen ähnlichen Umgang mit Alkohol pflegen wie sie selbst.

In der Konsequenz führen beide Mechanismen dazu, dass Jugendliche im Kreis ihrer Peergruppe selbst bei Alkoholexzessen in ihrem Trinkverhalten bestärkt werden und subjektiv ein Gefühl des Normalseins behalten. Fast wie Kriegsveteranen können sie mit ihren Trinkexzessen, einschließlich ihrer negativen Auswirkungen im Nachhinein, auch noch angeben, weil alles ja gerade noch mal gut gegangen ist. All diese ungünstigen alkoholbezogenen Prozesse innerhalb der Peergruppe treten umso früher und stärker ein, je weniger Zeit Eltern mit ihren Kindern verbringen.

Begrenzter Einfluss der Eltern
Wir müssen einerseits zur Kenntnis nehmen, dass der Einfluss der Eltern auf den Alkoholkonsum ihrer Kinder begrenzt ist. Denn grundsätzlich beginnt der Alkoholkonsum von Jugendlichen in einer Lebensphase, in der sie immer weniger Zeit mit den Eltern verbringen (wollen). Dazu kommt, dass heutzutage ein immer stärkerer Rückzug von Eltern aus der Verantwortung für das Freizeitverhalten ihrer Kinder zu verzeichnen ist. Jugendliche, deren Eltern nicht wissen, wo ihre Kinder den Samstagabend verbringen, trinken mehr Alkohol.

Andererseits zeigen Studien eindeutig, dass Eltern durchaus das Risiko von Alkoholexzessen bei ihren Kindern senken können, wenn sie einen risikoarmen Umgang mit Alkohol zu einem Alltagsthema im Umgang mit ihren Kindern machen. Eine klare Haltung gegenüber Alkoholexzessen, eindeutige Regeln im Umgang mit Alkohol und der regelmäßige Austausch über die gemachten Alkoholerfahrungen haben sich als wirkungsvoll erwiesen.

Neurologische Unreife
Schließlich hat die Neigung zu Risikoverhalten unter Jugendlichen auch eine neurophysiologische Grundlage. Etwa zwischen dem zwölften und 16. Lebensjahr entsteht – bildlich gesprochen – ein Ungleichgewicht von Emotionalität und rationaler (Selbst-)Kontrolle, weil die hierfür zuständigen Gehirnareale unterschiedlich stark ausgeprägt sind. Während die für die emotionale Informationsverarbeitung verantwortlichen Gehirnareale bereits mit dem elften Lebensjahr vollkommen entwickelt sind, ist die Ausreifung der für die rationale Informationsverarbeitung verantwortlichen Areale des Großhirns in dieser Altersstufe noch nicht

abgeschlossen. Jugendliche erleben somit verstärkt emotionale Handlungsimpulse, denen im Gehirn noch keine ausreichende rationale Kontrolle gegenübersteht. Die Folge sind die für die → Pubertät typischen Gefühlsschwankungen, Impulsdurchbrüche sowie die verstärkte Neigung zu Risikoverhalten. Entsprechend ist in dieser Altersstufe auch das Erlernen eines risikoarmen Umgangs mit Alkohol erschwert, zumal dieser zusätzlich die rationale Kontrolle über emotionale Handlungsimpulse verringert.

Zum Glück stellt die Neigung zu Trinkexzessen bei den meisten Jugendlichen lediglich ein vorübergehendes Phänomen einer Entwicklungsphase dar, das ab dem 23. Lebensjahr mehrheitlich von ganz allein wieder zurückgeht: Etwa ab dieser Altersstufe sehen junge Menschen zunehmend ihre Ausbildung, ihr Weiterkommen im Beruf, ihre fester werdenden Partnerschaften oder ihre Familiengründung durch mittlerweile selbst erlebte oder bei anderen beobachtete negative Alkoholfolgen gefährdet und entwickeln dadurch eine realistischere Wirkungserwartung. Sie wissen jetzt, dass die positiven Effekte von Alkohol bereits nach ein bis zwei Gläsern eintreten und danach nicht mehr zunehmen, während andererseits die negativen Wirkungen bzw. Risiken von Alkohol spätestens nach dem zweiten Glas immer größer werden. Entsprechend entwickeln sie einen immer moderateren Umgang mit Alkohol ohne dramatische Trinkexzesse. Lediglich eine kleine Gruppe von etwa 10 Prozent der Betroffenen behält im Zuge weiterer Entwicklungsstörungen wie Schulversagen, aggressiven Entgleisungen oder Impulskontrollstörungen ihren riskanten Trinkstil bei und entwickelt auf die Dauer ernsthafte Alkoholprobleme.

Elterntipp 5

In den meisten Fällen sind Trinkexzesse bei Jugendlichen ein vorübergehender Ausdruck eines notwendigen Entwicklungsprozesses, eigene Normen und Regeln im Umgang mit Alkohol zu entwickeln. Es geht hierbei insbesondere darum, die naive Vorstellung »Je mehr Alkohol, desto besser« zu überwinden. Dieser Lernprozess vollzieht sich vor allem in Form von konkreten Trinkerfahrungen unter Gleichaltrigen, er kann durch Eltern aber günstig beeinflusst werden.

6 Wie lernt man Fahrradfahren?

Natürlich kann man einem Kind einfach ein Fahrrad hinstellen und es so lange allein damit experimentieren lassen, bis es von ganz allein gelernt hat, damit zu fahren. Verbunden mit vielen Stürzen und Verletzungen wäre es wahrscheinlich eine sehr blutige Angelegenheit, bis das Gleichgewicht gehalten werden kann. Und es würde dabei nichts helfen, wenn wir vorher das

Kind eindrücklich vor den Gefahren des Fahrradfahrens gewarnt hätten.

Während wohl niemand glaubt, dass dies eine günstige Methode ist, Fahrradfahren zu lernen, gehen wir beim Thema Alkohol mit unseren Kindern häufig genau diesen Weg: Viele Jugendliche lernen von ihren Eltern eben nicht den risikoarmen Umgang mit Alkohol, sondern werden systematisch von jeglicher Alkoholerfahrung ferngehalten. Auch viele Alkoholpräventionsansätze wirken nicht unmittelbar auf das Trinkverhalten von Jugendlichen, weil sie einseitig darauf ausgerichtet sind, Jugendliche durch die Vorführung schwerer Suchtfälle von jeglichem Alkoholkonsum abzuschrecken. Sie enthalten jedoch oft keine spezifischen Hilfestellungen in Richtung eines risikoarmen Alkoholkonsums. Jugendliche neigen aber genau dann zu Alkoholexzessen, wenn sie keine Chance haben, rechtzeitig angemessene Wirkungserwartungen in Bezug auf Alkohol zu entwickeln bzw. positive Erfahrungen mit einem risikoarmen Alkoholkonsum zu machen.

Aus dem bislang Gesagten lassen sich zwei Prinzipien ableiten, wie Sie als Eltern mit Ihren Kindern beim Thema Alkohol umgehen sollten:

(1) Gezielte Trinkschulung statt Suchtprävention. Genau wie wir Kinder beim Fahrradfahren anfangs mit Hilfe von Stützrädern unter Aufsicht von Erwachsenen fahren lassen und ihnen ganz unmittelbar zeigen, wie man richtig Fahrrad fährt, sollten wir es beim Alkoholtrinken halten. Es geht beim Alkohol ebenfalls darum, Jugendliche gezielt vor den unmittelbar drohenden, negativen Auswirkungen von Alkoholexzessen zu bewahren, indem sie im Sinne einer spezifischen Trinkschulung frühzeitig einen risikoarmen Umgang mit Alkohol erlernen (vgl. Abbildung 4). Der zentrale Irrtum in der Wirkungserwartung von Jugendlichen, »Je mehr Alkohol, desto besser«, soll durch konkrete Lernerfahrung korrigiert werden: Indem wir hilfreiche

Gelegenheiten für das rechtzeitige Erlernen eines risikoarmen Umgangs mit Alkohol schaffen, nach dem Motto: »Wie trinkt man richtig?«

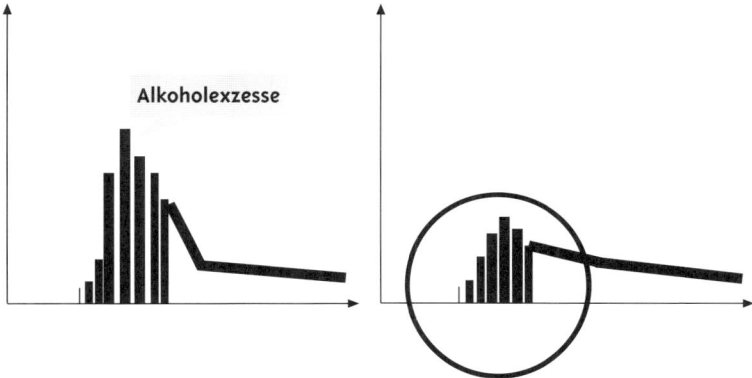

Abbildung 4 Gezielte Trinkschulung statt Suchtprävention: weniger und weniger heftige Alkoholexzesse

Ganz konkret bedeutet das, dass es wesentlich sinnvoller ist, dass ein Kind seine ersten Erfahrungen mit Alkohol in der Gegenwart der Eltern macht und nicht unter Gleichaltrigen weit entfernt von zuhause: So können Sie als Eltern die Trinkmenge bestimmen, Sie können riskante Tätigkeiten unter Alkohol verhindern und es besteht nicht das Risiko des selbstständigen Heimweges unter Alkohol. Sie geben damit Ihrem Kind die Gelegenheit, im abgesicherten Modus persönliche Erfahrungen mit Alkohol zu machen und daraus seine eigenen Schlüsse zu ziehen. Dadurch nehmen Sie dem Alkohol den Reiz des Verbotenen und stärken die Position Ihres Kindes im Kreis seiner Freunde, alkoholbezogene Mutproben oder Ähnliches abzulehnen. Denn je weniger eigene Alkoholerfahrung Ihr Kind hat, umso ahnungsloser ist es den Verführungen und Provokationen von Gleichaltrigen ausgesetzt, mit Alkohol mal so richtig »auf den Putz zu hauen«.

(2) Motivation statt Perfektion. Wir müssen uns klarmachen, dass es unmöglich ist, Jugendliche ausschließlich durch Warnungen bzw. Vorschriften seitens der Erwachsenen zu einem gemäßigten Umgang mit Alkohol bewegen zu wollen. Dies steht nun mal im Widerspruch zu den konkreten Lebenserfahrungen in punkto Alkohol innerhalb der Peergruppe. Sie werden von Jugendlichen, insbesondere innerhalb unserer gestörten Trinkkultur, als nicht glaubwürdig bzw. nicht relevant abgewertet. Eigene Trinknormen entwickeln Jugendliche vielmehr durch konkrete Alkoholerlebnisse innerhalb der Peergruppe von Gleichaltrigen.

Dies setzt eine gelassene und wohlwollende Haltung der Eltern voraus. Dabei ist es hilfreich, sich an der Motivationslage von Jugendlichen zu orientieren. Denn es nützt ja nichts, wenn Jugendliche sich nur in unserer Gegenwart an unsere Vorschriften halten und, sobald sie alleine sind, über die Stränge schlagen.

Vielmehr muss es darum gehen, dass Jugendliche bei der Verfolgung ihrer eigenen Lebensbedürfnisse erleben, wie hinderlich riskanter Alkoholkonsum ist, und von sich aus die Motivation für einen risikoarmen Umgang mit Alkohol entwickeln. Eltern können bei ihren Kindern lediglich durch eine wiederholte Bewertung auf der Dimension »Anfänger – Profi« im Trinken gezielt Anreize zur Optimierung des künftigen Umgangs mit Alkohol setzen. Weitergehende Kritik oder gar Disziplinierungen sollte dagegen nach Möglichkeit vermieden werden. Ein jederzeit zu 100 Prozent risikoarmer Alkoholkonsum ist bei Jugendlichen nicht realistisch: Zum einen müssen Jugendliche Regeln übertreten, um aus den negativen Erfahrungen heraus eigene Normen entwickeln zu können. Zum anderen ist auch der Alkoholkonsum von Erwachsenen nicht immer risikoarm. Eltern können das alkoholbezogene Risiko eines Jugendlichen jedoch dadurch senken, dass der Entwicklungsprozess in Richtung eines risikoarmen Konsums beschleunigt wird.

Geraten Sie also nicht in Panik, wenn Ihr Kind Fehler im Umgang mit Alkohol macht, also einmal zu viel oder bei unpassender Gelegenheit trinkt. Kennzeichnen Sie dies vielmehr konsequent als Anfängerfehler und schaffen Sie damit einen Anreiz für Ihr Kind, künftig »professioneller« mit Alkohol umzugehen.

Drei Arten des sozialen Lernens
Prinzipiell gibt es drei Arten, durch die Ihr Kind ein angemessenes Sozialverhalten und damit auch einen angemessenen Umgang mit Alkohol lernt.

(1) Lernen durch Beobachten. Viele Dinge lernen wir durch die Beobachtung anderer Menschen. Insbesondere wenn wir eine Person attraktiv und sympathisch finden oder ihr Verhalten als erfolgreich erleben, neigen wir zur Nachahmung. Am größten ist der Einfluss von Modellpersonen in Situationen, die wir zum ersten Mal erleben. Hier schauen wir zunächst, was andere machen, und übernehmen das dann. Ein typisches Beispiel für Lernen durch Beobachten ist das Kleidungsverhalten von Jugendlichen: Sie sehen, was andere zu bestimmten Gelegenheiten tragen, und kleiden sich dann entsprechend.

(2) Lernen durch Probieren. Andere Dinge muss man dagegen selbst so lange ausprobieren und trainieren, bis man sie wirklich »kann«. Beispielsweise kann ein Jugendlicher nicht allein durch Bücher oder Beobachtung lernen zu tanzen, zu jonglieren oder ein Instrument zu spielen. Er muss vielmehr üben, üben und nochmals üben, bis er den Bogen raus hat, und dabei länger probieren, bis er seinen persönlichen Stil gefunden hat.

(3) Lernen durch negative Erfahrung. Manchmal werden wir allerdings erst durch Schaden klug. Insbesondere bei der Findung eigener Normen und Grenzen liegt es in der Natur der Sache, dass wir auch negative Erfahrungen machen müssen, die wir dann künftig vermeiden wollen. Ein typisches Beispiel ist das Erlernen von Pünktlichkeit. Nur wenn wir auch einmal einen für uns wichtigen Termin verpasst haben, werden wir auf ausreichende Pünktlichkeit achten.

Alle drei Arten des Lernens wollen wir nutzen, um Ihr Kind bei der Entwicklung eines risikoarmen Umgangs mit Alkohol zu unterstützen.

Elterntipp 6

Es nützt nichts, Ihr Kind lediglich vor den Gefahren des Alkohols zu warnen. Stattdessen sollte Ihr Kind gezielt den risikoarmen Umgang mit Alkohol mit Ihrer Unterstützung erlernen. Dabei ist Gelassenheit auf Seiten der Eltern gefragt: Ein jederzeit zu 100 Prozent risikoarmer Alkoholkonsum ist bei Jugendlichen nicht realistisch.

7 Wie sage ich es meinem Kind: Kommunikationsstrategien

Es ist vollkommen normal, dass Ihr Kind ab etwa dem 14. Lebensjahr zunehmend seinen eigenen Kopf entwickelt. Dabei legt es durchaus andere Vorlieben und Verhaltensweisen an den Tag als Sie. Irgendwann wird Ihr Kind selbst entscheiden,

- wie es sich kleidet, welche Musik es hört und welche Filme oder Bücher es mag,
- welche Freunde es wählt,
- wie es sich ernährt und damit eben auch: ob und wie viel Alkohol es trinkt.

Anfangs werden Sie das noch ignorieren können und einfach sagen, wo es lang geht. Aber irgendwann können Sie das nicht mehr, dann entscheidet Ihr Kind selbst und Sie verlieren jeden Machtkampf. Was uns jetzt als Eltern noch bleibt, ist mit unserem Kind zu reden, zu reden und zu reden. Genau diese Gespräche verlaufen häufig aber nicht sehr ersprießlich: Immer dann, wenn sich Ihr Kind von Ihnen bevormundet oder in seiner Freiheit eingeschränkt fühlt, wird es jetzt mit Widerstand und → Reaktanz reagieren, um seine Unabhängigkeit zu verteidigen. Ruft das auf Ihrer Seite wiederum Emotionen wie Empörung, Wut oder Aufregung hervor, dann wird der Streit immer heftiger eskalieren. Irgendwann wollen beide Seiten schließlich gar nicht mehr miteinander reden und gehen sich zunehmend aus dem Weg.

Drei wichtige Strategien

Das muss aber nicht so sein. Es gibt durchaus günstigere Formen der Kommunikation zwischen Eltern und Kind. Drei davon wollen wir hier erläutern, weil sie beim Thema Alkohol besonders wichtig sind:

(1) → **Systemimmanenz.** Warnen Sie Ihr Kind nicht vor Dingen, die für einen Jugendlichen keine Rolle spielen. Sondern konzentrieren Sie sich gezielt auf Aspekte des Alkoholkonsums, die im ureigensten und unmittelbarsten Interesse Ihres Kindes liegen: die Beziehung zu Gleichaltrigen, Sexualität, Aussehen, körperliche Unversehrtheit und Makellosigkeit, Sportlichkeit. Gestehen Sie kleineren Mengen Alkohol durchaus eine nützliche und angenehme Wirkung in all diesen Bereichen zu (sonst wäre ja auch nicht verständlich, warum die Mehrheit in unserer Gesellschaft gerne Alkohol trinkt), aber weisen Sie gezielt auf die unmittelbaren Risiken in diesen Bereichen hin, wenn zu viel getrunken wird: Peinlichkeit gegenüber Gleichaltrigen, sexuelle Übergriffe, Verletzungen bzw. hässliche Narben durch Stürze oder Schlägereien, Gewichtszunahme und geringere Sportlichkeit.

(2) Ehrgeiz wecken. Ihr Kind sehnt sich ab einem bestimmten Alter nach Selbstbestimmung und Kompetenz. Verbote oder Kritik durch Eltern werden dann als Bevormundung innerlich abgewertet. Stellen Sie daher den Umgang mit Alkohol als eine nicht leicht zu erlernende Fähigkeit dar, bei der leider immer wieder Anfängerfehler entstehen. Wecken Sie dadurch den Ehrgeiz Ihres Kindes, sich und anderen zu beweisen, dass es sich mit Alkohol auskennt und schon »richtig«, das heißt risikoarm, trinken kann.

(3) Quantitatives Feedback. Natürlich braucht Ihr Kind elterliche Orientierung. Das heißt, Sie sollten sehr wohl wichtige Hinweise und Feedback zum Alkoholkonsum geben. Diese werden von Ihrem Kind leichter akzeptiert, wenn Sie hierbei nicht nur die zwei Extreme »richtig« bzw. »falsch« verwenden, sondern immer in quantitativer Abstufung auf einer Skala von 0 bis 100 argumentieren. Denn selten sind Dinge nur schlecht oder nur gut, meistens liegen sie dazwischen oder haben sowohl gute als auch schlechte Seiten. Außerdem lassen sich auf einer Skala negative und positive Veränderungen viel leichter vermitteln.

Unverrückbare Ver- oder Gebote gegenüber Ihrem Kind sollten Sie sich dagegen für die wirklich überlebenswichtigen Dinge, wie zum Beispiel beim Umgang mit Elektrizität, Feuer oder Explosivstoffen, aufheben.

Profi vs. Anfänger

Sie werden im weiteren Verlauf des Buches immer wieder die Formulierung von Anfänger und Profi im Umgang mit Alkohol finden. Wir wollen nochmals ausführlicher erläutern, warum die Verwendung dieser beiden Begriffe in den Gesprächen mit Ihrem Kind über Alkohol von so zentraler Bedeutung ist.

Unter Jugendlichen ist oftmals eine Dominanz und Meinungsführung von Einzelnen zu beobachten, die soziale Normen unter anderem in punkto Alkohol überschreiten. Sie werden ob ihrer Risikobereitschaft und ihres Mutes von eher ängstlichen und angepassten Jugendlichen bewundert. Trinkexzesse werden in diesem Zusammenhang positiv mit Freiheit, Stärke und Abenteuer assoziiert. Das Einhalten von Regeln oder Vermeiden von Risiken wird dagegen eher negativ als Ausdruck von Feigheit oder Ängstlichkeit gewertet. Als Eltern können Sie dieser Konnotation gezielt und systematisch eine positive Bewertung von risikoarmem Alkoholkonsum als Ausdruck von Kompetenz und Erwachsensein entgegensetzen.

Es ist somit entscheidend, dass Sie Ihrem Kind nicht immer nur die Risiken von Alkoholexzessen vorhalten und auf Einsicht hoffen. Betonen Sie dagegen immer wieder, dass es unterschiedlich lange dauert, bis Jugendliche angemessen, gewissermaßen wie ein Profi, mit Alkohol umgehen können. Alkoholexzesse sollten Sie hierbei als vorübergehende Anfängerphänomene bezeichnen, bei der die Beteiligten bedauerlicherweise noch nicht über die erforderlichen Fähigkeiten wie die Mehrheit aller Erwachsenen verfügen. Die Gegenüberstellung von Anfängern und Profis im Umgang mit Alkohol sollten Sie sehr konsequent bei jeder sich bietenden Gelegenheit wiederholen.

Sie vermeiden dadurch, dass Alkoholexzesse als erstrebenswerte Demonstration von Unabhängigkeit und Stärke von Jugendlichen gegenüber Erwachsenen interpretiert werden. Sie erklären dies genau umgekehrt als Ausdruck von kindlicher Unreife und mangelhafter Trinkkompetenz. Das möchte ein Jugendlicher in der Regel nicht auf sich sitzen lassen.

Um zu veranschaulichen, was wir damit meinen, werden wir Ihnen im weiteren Verlauf jeweils immer
 ein ungünstiges Beispiel
 und anschließend ein günstiges Beispiel für ein Eltern-Kind-Gespräch vorstellen. Natürlich gibt es hierbei kein Patentrezept, jedes Kind und jede Situation ist anders. Und auch Sie haben natürlich als Eltern Ihren persönlichen Stil, der nicht vollkommen verändert werden soll. Aber wir hoffen doch, Ihnen auf diese

Weise ein Gefühl für geeignete und weniger geeignete Kommunikationsstrategien vermitteln zu können.

Hier zunächst ein Beispiel für einen eher ungünstigen Gesprächsverlauf.

Daniel (16):	Bin bei Ben zu 'ner Party eingeladen. Darf ich dahin? Ist am Samstag, kann ja am Sonntag ausschlafen.
Vater:	Schon wieder Party. Du warst doch erst letzten Samstag unterwegs. Ich finde, du könntest auch mal zu Hause bleiben und etwas anderes machen als immer nur Party.

[Daniel verdreht die Augen und ist dabei, sich abzuwenden.]

Vater:	Okay, na gut, war ja auch mal jung. Aber du bist bitte um Mitternacht zu Hause. Und du trinkst keinen Alkohol, ist das klar?
Daniel:	Oh Mann, Papa, du hast keine Ahnung, alle trinken Alkohol, ey, das ist voll normal, eben Party. Weißt du, da bin ich der einzige, der nicht trinkt, weißt du, wie peinlich das ist? Dann kann ich gleich hier bleiben, ey, du bist so spießig. Aber wenn du jeden Abend trinkst, dann ist das in Ordnung oder wie.
Vater:	Du wirst unsachlich, ich arbeite den ganzen Tag, ja, auch für dich, mein Lieber. Und dann darf ich wohl abends ein Bier oder Wein trinken. Das hat damit überhaupt nichts zu tun. Wenn du mir so kommst, dann kannst du gleich hierbleiben, kapiert? Denk nur an den Vorfall vor vier Wochen. Wer war da völlig betrunken? Mann, war das peinlich. Es reicht mir immer noch, wenn ich daran

	denke. Auf dich kann man sich eben nicht verlassen. Also, um Mitternacht zu Hause und kein Alkohol.
Daniel:	Ey, voll die Scheiße, du machst mir den ganzen Abend kaputt, danke auch für dein Vertrauen. Ich hab echt super tolle Eltern. Mama wäre da nicht so, aber die ist nicht da.

Das Problem bei diesem Gesprächsausschnitt ist nicht, dass der Vater eine zeitliche Grenze durchsetzt und diesbezüglich die Freiheit von Daniel beschneidet. Ganz im Gegenteil, Konsequenz im Verhalten von Eltern bei der Begrenzung von Risiken hat sich durchaus als wirksam erwiesen, um die Wahrscheinlichkeit zu verringern, dass ein Jugendlicher Alkoholprobleme entwickelt. Ungünstig ist lediglich, dass Daniel in diesem Fall keine Chance hat und keinerlei Anreiz empfindet, vernünftig mit Alkohol umzugehen. Ganz im Gegenteil wird sein Drang, es seiner Peergruppe in Sachen Alkohol gleichzutun, noch größer werden. Niemals wird er sich so frei und anerkannt fühlen wie unter Alkohol.

Dagegen nun ein Beispiel für einen sehr viel günstigeren Gesprächsverlauf.

Daniel (16):	Bin bei Ben zu 'ner Party eingeladen. Darf ich dahin? Ist am Samstag, kann ja am Sonntag ausschlafen.
Vater:	Okay Daniel, da müssen wir mal ein kurzes Gespräch unter Männern über Alkohol führen. Denn was dir da beim letzten Mal passiert ist, ist ein typischer Anfängerfehler, von jemandem, der sich mit Alkohol offenbar nicht richtig auskennt. Ist mir in deinem Alter auch passiert.

	Lass uns daher mal überprüfen, was du über Alkohol weißt und welche Schlüsse du aus deiner letzten Erfahrung gezogen hast. Wie willst du es denn diesmal mit Alkohol halten?
Daniel:	Willst du mir etwa sagen, dass ich gar keinen Alkohol mehr trinken darf?
Vater:	Nein, du bist 16 Jahre alt und da darf man durchaus allein Alkohol trinken. Aber was, meinst du, wäre denn eine angemessene Menge, bei der du lediglich eine angenehme Wirkung ohne das Risiko der Entgleisung und so gut wie keine unangenehme Nachwirkungen erleben würdest?
Daniel:	Keine Ahnung, es war eben irgendwie ein bisschen viel. Aber andere haben noch viel mehr getrunken als ich.
Vater:	Genau, und das war, wie du ja selbst erlebt hast, eindeutig zu viel. Die maximal risikoarme Menge wären zwei Gläser Bier, Sekt oder Wein. Und keinerlei Schnaps.
Daniel:	Oh Mann ey, daran hält sich doch keiner von uns.
Vater:	Kann sein, dass viele deiner Freunde ebenfalls noch Anfänger im Trinken sind. Aber die Mehrheit aller Erwachsenen und auch ich machen das anders und trinken so, dass wir keine peinliche Entgleisung unter Alkohol haben und hinterher auch keinen Kater. Also ich bin einverstanden, dass du auf die Party gehst und diesmal zeigst, dass du geschickter mit Alkohol umgehen kannst und maximal zwei Gläser

▶

	trinkst. Außerdem möchte ich, dass du um 24 Uhr wieder hier bist.
Daniel:	Och Papa, ich bin doch kein kleines Kind mehr, echt.
Vater:	Zeig mir, dass du ein Profi im Umgang mit Alkohol wirst, dann lässt sich über alles verhandeln. Bis dahin gilt 24 Uhr.

Auch hier bezieht der Vater einen klaren Standpunkt, der Daniel nicht passt. Aber er gibt ihm mit der Höchstmenge von zwei Gläsern klare Hinweise auf einen risikoarmen Konsum und macht das zur Voraussetzung für mehr Freiheit. Er respektiert den Wunsch von Daniel, Alkohol zu trinken, bestätigt die Möglichkeit der angestrebten, positiven Alkoholwirkung und zeigt Verständnis für den Wunsch von Daniel, es seinen Freunden gleichzutun. Andererseits verwendet er systematisch den Begriff des Anfängerfehlers und verknüpft risikoarmen Umgang mit Alkohol mit Erwachsensein und Expertentum.

Elterntipp 7

Ab einem bestimmten Alter können wir Kindern nichts mehr vorschreiben, sondern nur noch mit ihnen reden und gezielte Anreize für ein angemessenes Verhalten setzen. Vermeiden Sie dabei, Alkohol zu verteufeln, sondern bezeichnen Sie Alkoholexzesse konsequent als typische Anfängerfehler von Menschen, die offenbar noch nicht in der Lage sind, wie Profis einen risikoarmen Umgang mit Alkohol zu beherrschen.

8 Risikoarmer Alkoholkonsum – The Big Three

Um das Ganze in einem überschaubaren Rahmen zu halten – schließlich gibt es ja noch viele andere, wichtige Themen außer Alkohol – sollten Sie sich vor allem auf drei Dinge konzentrieren, die Ihr Kind im Umgang mit Alkohol lernen sollte:

(1) Risikoarme Trinkmenge. Die unter Jugendlichen verbreitete Überzeugung, »Je mehr Alkohol, desto besser die Wirkung«, ist

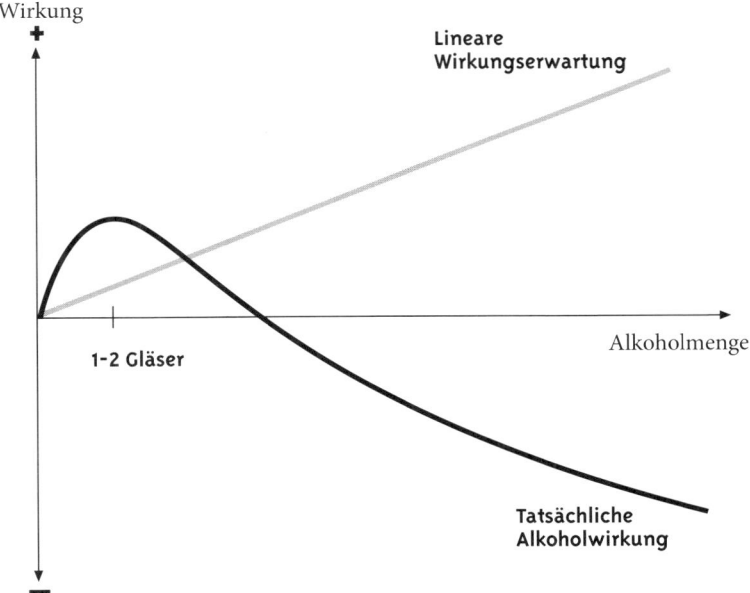

Abbildung 5 Die dosisabhängige Wirkung von Alkohol: Kleine Alkoholmengen von ein bis zwei Gläsern haben eine angenehme Wirkung. Dagegen haben größere Mengen eine immer unangenehmere Wirkung.

objektiv falsch. Lediglich kleine Mengen Alkohol von ein bis zwei Gläsern haben eine ausschließlich positive Wirkung. Diese steigt aber nicht mehr mit zunehmender Alkoholmenge. Ganz im Gegenteil, je mehr man trinkt, umso deutlicher überwiegt die unangenehme Wirkung.

Ein risikoarmer Alkoholkonsum bedeutet für Jugendliche maximal eine Trinkeinheit bei Mädchen beziehungsweise maximal zwei Trinkeinheiten bei Jungen.

Eine Trinkeinheit entspricht hierbei circa:
- Bier   Glas/Flasche à 0,33 Liter
- Wein/Sekt   Glas à 1/8 Liter
- Biermixgetränk   Glas/Flasche à 0,5 Liter
- Weinmixgetränk   Glas/Flasche à 0,275 Liter
- Alkopops   Glas/Flasche à 0,33 Liter
- harte Alkoholika   Glas à 0,04 Liter (doppelter Schnaps)

(2) Risikoarme Häufigkeit. Es gibt einen wichtigen Grund, als Jugendlicher nicht häufiger als ein Mal pro Woche Alkohol zu trinken. Alkohol hat immer eine Zwei-Phasen-Wirkung: Nach der etwa einstündigen angenehmen Hauptwirkung kommt immer eine unangenehme Nachwirkung. Diese spüren wir zwar erst bei großen Alkoholmengen in Form eines Katers, sie ist aber immer da und beeinträchtigt beispielsweise unsere Leistungsfähigkeit für etwa zehn Stunden. Deswegen dürfen beispielsweise auch Piloten zwölf Stunden vor Flugantritt keinen Alkohol mehr trinken. Bei täglichem Alkoholkonsum kann sich die unangenehme Nachwirkung allmählich auftürmen, bis schließlich eine körperliche Abhängigkeit entsteht. Deswegen ist ein täglicher Alkoholkonsum grundsätzlich zu vermeiden.

(3) Sicherer Heimweg. Hier ist das Wichtigste, dass Ihr Kind niemals bei einem Fahrer ins Auto steigt, der Alkohol getrunken hat. Denn die meisten Todesfälle und schwerwiegenden Verletzungen ereignen sich bei Jugendlichen als Beifahrer eines alko-

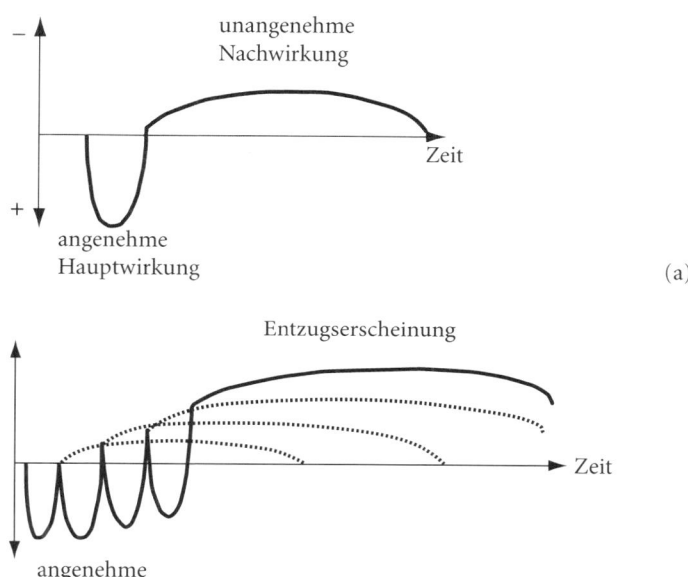

Abbildung 6 (a) Die Zwei-Phasen-Wirkung von Alkohol (b) Entstehung einer körperlichen Abhängigkeit

holisierten Fahrers. Das ist besonders in ländlichen Regionen relevant, in denen der öffentliche Nahverkehr nicht gut ausgebaut ist, sodass Jugendliche oftmals mit dem Auto unterwegs sind. In Großstädten liegt das Risiko des Heimwegs dagegen in aggressiven Tätlichkeiten zwischen alkoholisierten Jugendlichen.

Die Ursache dieser Gefahren liegt in der schleichenden Machtverschiebung zwischen rationalem Großhirn und impulsivem Zwischenhirn bei zunehmender Alkoholmenge. Während in nüchternem Zustand die Kontrolle unseres Großhirns stärker ist als die Impulse aus unserem Zwischenhirn, wird die Kontrolle unseres Großhirns mit zunehmender Trinkmenge immer stärker gedämpft, sodass unser Zwischenhirn mit seinen spontanen Impulsen immer deutlicher dominiert. Insbesondere achten wir nicht mehr auf Gefahrensignale oder drohende negative Konsequenzen unseres Handelns.

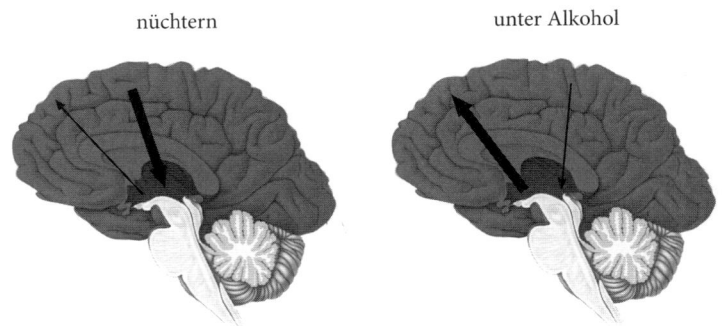

Abbildung 7 Die Machtverschiebung zwischen Großhirn und Zwischenhirn bei zunehmender Trinkmenge

Es wird vom Einzelfall abhängen, auf welche Weise Sie Ihrem Kind dieses Wissen vermitteln möchten:
- Sie können ihm die Seiten aus dem Anhang »Vom Anfänger zum Profi: Wie trinkt man richtig?« einfach zu lesen geben.
- Sie können ihm die Big Three auch direkt in einem längeren Gespräch vermitteln.

Am wirkungsvollsten geschieht dies sicher, wenn Sie es an eine passende Gelegenheit vollkommen natürlich anknüpfen lassen. Hierzu finden Sie in den nächsten Kapiteln viele Anregungen.

Vor allem sollten Sie bedenken, dass Wissen nur dann handlungsrelevant wird, wenn es immer wieder aufgefrischt, mit konkreter Erfahrung verknüpft und damit immer stärker verfestigt wird. Kommen Sie bei passender Gelegenheit immer wieder auf die Inhalte zurück und überprüfen Sie dabei, inwieweit sie von Ihrem Kind verinnerlicht bzw. verstanden wurden. Gestalten Sie auch das herausfordernd spielerisch, indem Sie Ihr Kind immer wieder auf die Probe stellen, inwieweit es schon Profi oder eben noch Anfänger hinsichtlich Alkohol ist.

Wenn Sie mögen, dann können Sie Ihrem Kind nach einiger Zeit auch den »Alko-Check« als Test im Anhang vorgeben, damit Sie und Ihr Kind einschätzen können, inwieweit es sich mittlerweile als Profi mit Alkohol auskennt. Ihr Kind erreicht hierbei einen Punktwert von 0 = blutiger Anfänger bis 10 = Vollprofi. Das Erreichen eines guten Punktwertes könnten Sie mit der Lockerung mancher Regelungen belohnen.

Elterntipp 8

Konzentrieren Sie sich auf drei Dinge:
(1) Ein risikoarmer Alkoholkonsum bedeutet für Jugendliche maximal eine Trinkeinheit bei Mädchen beziehungsweise maximal zwei Trinkeinheiten bei Jungen bei einer Gelegenheit.
(2) Jugendliche sollten maximal ein Mal pro Woche Alkohol trinken.
(3) Vereinbaren Sie einen sicheren Heimweg, wenn Ihr Kind Alkohol getrunken hat.

9 Lernen durch Beobachtung

Man muss nicht in jeder Pfanne selbst geschmort haben, um zu wissen, wie man ein Schnitzel brät. Das bedeutet, wir können sehr viel allein durch die Beobachtung anderer Menschen lernen. Außerdem können wir vieles lernen, indem andere uns ihre Erfahrungen weitergeben.

Die ersten Lernerfahrungen durch Beobachtung bezüglich Alkohol machen Kinder etwa ab dem dritten Lebensjahr. Bereits ein Drei- bis Fünfjähriger wird vormachen können, wie ein Betrunkener torkelt. Er wird auch wissen, dass man Alkohol eher abends, aber nicht zum Frühstück trinkt. Vor allem aber wird es spontan sagen, dass Alkohol ein Getränk für Erwachsene und nicht für Kinder ist.

Diesen Umstand sollten Sie nutzen, indem Sie einerseits jede sich bietende, günstige Gelegenheit nutzen, um die Aufmerksamkeit Ihres Kindes so früh wie möglich immer wieder spielerisch auch auf das Thema Alkohol zu lenken, und andererseits darauf achten, dass Ihr Kind nicht ungeschützt ungünstigen Alkoholmodellen ausgesetzt ist.

Bei Gesprächen über Alkohol sollten Sie darauf achten, dass diese eher kurz sind. Häufige kurze Hinweise sind wesentlich effektiver als langatmige Aufklärungsgespräche. Ihr Kind verdreht sonst künftig sofort die Augen, wenn Sie auf Alkohol zu sprechen kommen, und schaltet innerlich ab.

Familienfeste

Auf Familienfesten wird meistens Alkohol getrunken. Gleichzeitig sind Familienfeste etwas Besonderes, die sich auch in der Wahrnehmung von Kindern eindrücklich aus dem Alltag herausheben. Insofern sind sie prägend für Kinder, was den Umgang mit Alkohol angeht. Sie können dabei etwa ab dem sechsten Lebensjahr lernen, dass

- der gemeinsame Konsum von Alkohol etwas Besonderes darstellt und dabei fest eingebunden ist in bestimmte Rituale (z. B. gemeinsames Anstoßen, gemeinsames Glas-Erheben);
- es qualitative Unterschiede in der Qualität (und im Preis) von Alkoholika gibt, und daher besonders gute Tropfen zu besonderen Gelegenheiten mit Bedacht und Verstand getrunken werden;
- ein gemäßigter Alkoholkonsum von Erwachsenen die Stimmung in angenehmer Weise hebt und das Zusammengehörigkeitsgefühl stärken kann;
- die Alkoholwirkung aber auch negativ umschlagen kann, wenn jemand zu viel trinkt;
- man nach dem Konsum von Alkohol immer für einen sicheren Heimweg sorgen muss.

Das bedeutet, dass Sie sich als Eltern bei der Vorbereitung eines Familienfestes immer auch Gedanken über den Alkoholkonsum aus der Sicht Ihres Kindes machen sollten: Was sollte Ihr Kind erleben, was sollte es besser nicht erleben, was könnte es daraus für Schlüsse ziehen, welche Schlüsse wären wünschenswert und welche wären nicht wünschenswert? Natürlich können Sie hierbei den Verlauf eines Festes nicht vollkommen vorhersehen und Sie können auch das Trinkverhalten der Beteiligten nicht absolut kontrollieren. Aber:

- Sie können Art und Menge der vorrätigen Alkoholika steuern.
- Sie können für die Einhaltung bestimmter Rituale (z. B. gemeinsames Anstoßen) sorgen.
- Sie können beim Nachschenken für einen langsameren Alkoholkonsum sorgen.
- Sie können durch Ihr eigenes Vorbild glaubwürdig zeigen, dass ein Konsum von zwei Gläsern vollkommen ausreicht, um in Stimmung kommen und jeden weiteren Alkohol konsequent ablehnen.
- Sie können für explizite Regeln für einen sicheren Heimweg sorgen (Taxi, Absprachen, wer fährt, Übernachtung im Haus anbieten).

Bei all diesen Dingen können Sie Ihr Kind spätestens ab dem sechsten Lebensjahr vorab durch ein kurzes Gespräch einbeziehen. Ihr Kind wird sich aufgewertet fühlen, dass es von Ihnen in einer so wichtigen Angelegenheit ins Vertrauen gezogen wird. Wir präsentieren Ihnen zunächst eine eher ungünstige Vorgehensweise und im Anschluss eine günstigere Vorgehensweise.

»Kannst du mir bitte mal helfen, mit anzufassen? Wir brauchen noch mehrere Flaschen Bier und Wein im Kühlschrank. Schließlich haben wir heute viele Gäste und die werden Durst haben.«

Hier wird eine wichtige Chance vollkommen ungenutzt vertan. Das Kind lernt überhaupt nichts über einen angemessenen Umgang mit Alkohol.

»Wir wollen auf dem Fest heute Abend gemeinsam mit einem Glas Sekt anstoßen, um Geburtstag zu feiern. Ich habe extra zwei Flaschen gekauft. Außerdem habe ich zwei Sorten guten Wein und Bier besorgt. Es wird also heute mehr Alkohol geben als sonst üblich. Aber natürlich soll sich hier niemand betrinken. Weißt du eigentlich, was eine risikoarme Menge Alkohol auf einem Fest wäre? Du kannst ja mal beobachten, was jeder tatsächlich so trinkt.«

Diesmal wird die bewusste Einbindung des Alkohols in einen besonderen Anlass als Ausnahme betont. Ihr Kind kann bei der Frage gleichzeitig zeigen, dass es kein Anfänger bei dem Thema Alkohol mehr ist. Jeder sinnvollen Antwort Ihres Kindes können Sie nun Respekt zollen. Außerdem wird Ihr Kind aufgefordert, den Alkoholkonsum von Erwachsenen kritisch zu beobachten – ein idealer Anknüpfungspunkt für ein kurzes Gespräch im Anschluss an das Fest.

»Na, was hast du über den Alkoholkonsum unserer Gäste mitbekommen? Was fandest du gut, was fandest du nicht so gut?«

Würdigen Sie zunächst jede ernsthafte Äußerung Ihres Kindes als gute Beobachtung. Kommentieren Sie dann die Schlussfolgerungen Ihres Kindes entweder im Sinne von Profi oder eben von Anfänger im Umgang mit Alkohol.

»Toll, du hast vollkommen recht. Man merkt, dass du dich in
Sachen Alkohol schon wie ein Profi auskennst.«
bzw.
»Da irrst du dich leider. Tatsächlich ist es so: … Aber es ist vollkommen normal, dass man sich in deinem Alter als Anfänger in Sachen Alkohol noch nicht so richtig auskennt.«

Im zweiten Fall könnte sich ganz natürlich eine kurze Erklärung zum tatsächlichen Sachverhalt entsprechend den Ausführungen im Kapitel 8 (Risikoarmer Alkoholkonsum – The Big Three) anschließen.

Kinderbücher
Sehr häufig kommen in Kinderbüchern Betrunkene vor oder es gibt Abbildungen von Trinkern. Meist werden diese komisch oder bedauernswert dargestellt. Auch dies ist eine gute Gelegenheit, Ihr Kind schon frühzeitig spielerisch etwas über Alkohol lernen zu lassen. Da Kinderbücher häufig immer wieder gemeinsam angeschaut werden, können Sie Ihre Botschaft ruhig mehrmals wiederholen. Wir geben Ihnen wieder ein weniger günstiges und im Anschluss ein günstigeres Formulierungsbeispiel:

»Das ist der böse Alkohol.«

Diese Bemerkung wird Ihr Kind lediglich verwirren. Denn es kann dadurch nicht verstehen, warum Sie oder andere Erwachsene überhaupt Alkohol trinken.

»Das passiert leicht, wenn man zu viel Alkohol trinkt. Deswegen ist Alkohol auch nichts für Kinder.«

Diesmal erfährt Ihr Kind, dass man mit Alkohol aufpassen muss, und er daher kein Getränk für Kinder ist. Achten Sie darauf, dass diese Information sehr kurz (höchstens zwei Sätze!), verständlich und eindeutig ist.

Trinkexzesse von Erwachsenen

Jeder Trinkexzess eines Erwachsenen ist eine günstige Gelegenheit, auf die dosisabhängige Wirkung von Alkohol und die zunehmende Machtverschiebung zwischen Großhirn und Zwischenhirn hinzuweisen. Stellen Sie hierbei Ihrem Kind entsprechende Fragen, sodass es sich herausgefordert fühlt, Ihnen zu zeigen, dass es über Alkohol schon Bescheid weiß. Auch hier wollen wir Ihnen ein weniger günstiges und im Anschluss ein günstigeres Formulierungsbeispiel geben:

»Da schau mal, was Alkohol anrichtet, richtig ekelhaft. Pass bloß auf, dass du nicht auch mal Alkoholiker wirst.«

Hier wird die positive Wirkung kleinerer Trinkmengen geleugnet. Außerdem wird der Betroffene stark abgewertet und in einer Extremform geschildert, die nichts mit den Trinkexzessen unter Jugendlichen zu tun hat. Und schließlich wirkt alles sehr bevormundend, das Kind wird nicht miteinbezogen.

»Schau mal, diese Person hat leider zu viel Alkohol getrunken. Kleine Trinkmengen können sehr angenehm sein, aber wenn man mehr als zwei Gläser trinkt, dann wird die Wirkung immer schlimmer. Weißt du eigentlich schon, warum?«

Diesmal wird die dosisabhängige Wirkung des Alkohols gezielt angesprochen. Das Kind kann zeigen, dass es kein Anfänger mehr im Umgang mit Alkohol ist. Jeder sinnvollen Antwort Ihres

Kindes können Sie nun Respekt zollen. Falls Ihr Kind keine Begründung weiß, dann wird es sich ein bisschen ärgern und zuhören, um das nächste Mal schlauer zu sein. Ihre kurze Erklärung hinsichtlich der »Big Three« aus Kapitel 8 könnte lauten:

> »Die unterschiedlichen Teile unseres Gehirns reagieren unterschiedlich empfindlich auf Alkohol. Wenige Schlucke dämpfen unser Großhirn, den Sitz des Verstandes. Dadurch wird unser Zwischenhirn, der Sitz der Gefühle, stärker und wir fühlen uns angenehm locker. Nach zwei Gläsern wird unser Großhirn so stark beeinträchtigt, dass wir anfangen, die Kontrolle zu verlieren. Wir machen dann Sachen, die wir hinterher bereuen. Wenn wir noch mehr Alkohol trinken, dann wird auch unser Kleinhirn beeinträchtigt, und wir können das Gleichgewicht nicht mehr halten, sodass wir torkeln oder stürzen. Wenn der Alkohol schließlich unser Stammhirn lähmt, dann kann man an Alkoholvergiftung sterben. Die Kunst ist also, nur ein bis zwei Gläser Alkohol zu trinken und die angenehme Wirkung zu genießen. Alles klar?«

Falls Ihr Kind Interesse zeigt, könnten Sie ihm ein paar Tage später das Infoblatt aus dem Anhang »Vom Anfänger zum Profi: Wie trinkt man richtig« zu lesen geben.

Alkoholbezogene Nachrichten
Immer wieder wird es vorkommen, dass Sie mit Ihrem Kind Nachrichten hören oder lesen, die von Alkohol handeln. Manchmal sind es die neuesten Zahlen zum Alkoholverbrauch oder dramatische Berichte von Jugendalkoholismus oder von Unfällen unter Alkohol. All das sind ebenfalls günstige Gelegenheiten, um kurz mit Ihrem Kind über Alkohol zu sprechen. Auch hier sollten Sie Ihrem Kind zunächst die Möglichkeit geben zu zeigen, was es

bereits über Alkohol weiß. Wieder präsentieren wir Ihnen einen weniger günstigen und im Anschluss einen günstigeren Gesprächsausschnitt:

»Das ist ja entsetzlich, heute fangen Jugendliche immer früher mit dem Komatrinken an. Versprich mir, dass du so was nie machst.«

Hier wird fälschlicherweise behauptet, dass es mit dem Alkoholkonsum von Jugendlichen immer schlimmer wird. Außerdem erhält Ihr Kind keinerlei positiven Hinweis, was denn ein angemessener Umgang mit Alkohol wäre. Und schließlich klingt wieder alles sehr bevormundend, Ihr Kind kann seine Vorstellung nicht einbringen.

»Sag mal, weißt du eigentlich schon, wie viel Alkohol ein Jugendlicher in deinem Alter trinken kann, ohne dass es zu unangenehmen Wirkungen kommt?«

Diesmal wird Ihr Kind unmittelbar auf Augenhöhe aufgefordert, unter Beweis zu stellen, dass es kein ahnungsloser Anfänger mehr im Umgang mit Alkohol ist. Jeder sinnvollen Antwort Ihres Kindes können Sie wiederum Respekt zollen. Falls Ihr Kind eine riskante Trinkmenge nennt, dann sollten Sie das als typischen Anfängerfehler markieren. Ihre kurze Korrektur könnte lauten:

»Man merkt, dass du dich mit Alkohol noch nicht ausreichend auskennst. Tatsächlich sollten Mädchen nie mehr als ein Glas Alkohol und Jungen nie mehr als zwei Gläser Alkohol pro Gelegenheit trinken. Bei dieser Menge ist man angenehm

> entspannt. Wenn man mehr trinkt, verstärkt sich die angenehme Wirkung aber nicht weiter, sondern man wird immer unvernünftiger und tut Dinge, die man hinterher bereut. Dabei vertragen Mädchen deutlich weniger Alkohol als Jungen. Verständlich?«

Es geht dabei nicht darum, dass Ihr Kind sofort freudig zustimmt. Das wird eher selten der Fall sein. Falls Ihr Kind das nicht glauben will, dann wäre dies ab einem Alter von 13 bis 15 Jahren der ideale Moment, ein Trinkexperiment vorzuschlagen (vgl. Kapitel 11). Falls Ihr Kind Interesse zeigt, könnten Sie ihm jetzt das Infoblatt aus dem Anhang »Vom Anfänger zum Profi: Wie trinkt man richtig« zu lesen geben. Falls Ihr Kind »mault«, vertiefen Sie das Thema nicht weiter, sondern warten Sie auf die nächste Gelegenheit, wieder etwas über Alkohol zu vermitteln. Häufig muss die Kränkung mit dem Anfängerfehler erst etwas verarbeitet werden, um für Ihr Kind einen Anreiz darzustellen, das nächste Mal etwas »schlauer« in Bezug auf Alkohol zu sein.

Alkoholbezogene Fragen Ihres Kindes

Jede alkoholbezogene Frage Ihres Kindes ist ein besonders günstiger sogenannter »teachable moment«. Ihr Kind ist neugierig und möchte etwas über Alkohol wissen. Das sollten Sie unbedingt nutzen. Vermeiden Sie lange Erklärungen, sondern fragen Sie lieber nach, was denn der Anlass für die Frage war. So erfahren Sie, was Ihr Kind in Sachen Alkohol interessiert, und können Ihre weiteren Erklärungen gezielt darauf abstimmen. Im Folgenden finden Sie in der zweiten Spalte jeweils eine ungünstigere und in der dritten Spalte eine günstigere Antwort auf typische Kinderfragen zu Alkohol:

Frage	Ungünstige Antwort	Günstige Antwort
Ab wann ist man betrunken?	Wenn man zu viel getrunken hat, einem übel wird und man nicht mehr geradeaus gehen kann.	Das ist leider etwas unterschiedlich. Aber ab dem dritten Glas Bier oder Wein sind viele Menschen bereits nicht mehr in der Lage, sich ausreichend unter Kontrolle zu haben. Um nicht betrunken zu sein, solltest du als Mädchen nie mehr als ein Glas und du als Junge nie mehr als zwei Gläser Alkohol trinken. Hast du schon mal einen Betrunkenen erlebt?
Warum vertragen Jungen mehr Alkohol als Mädchen?	Jungs können eben in der Regel mehr ab und für Mädchen gehört es sich auch nicht, so viel zu trinken.	Mädchen sind in der Regel etwas kleiner und leichter als Jungen. Außerdem kann ihre Leber den Alkohol nicht so schnell abbauen. Als Mädchen sollte man immer nur halb so viel Alkohol trinken wie die Jungs. Wie kommst du auf die Frage?

▶

Frage	🍞 Ungünstige Antwort	🍺 Günstige Antwort
Warum dürfen Kinder keinen Alkohol trinken?	Weil es ungesund ist und du abhängig werden kannst. Schließlich willst du ja noch wachsen.	Solange das Gehirn noch wächst, ist Alkohol ganz besonders schädlich. Außerdem ist es nicht so leicht, mit Alkohol richtig umzugehen. Deswegen ist Bier und Wein erst ab 16 Jahren gestattet und Schnaps erst ab 18 Jahren. Außerdem muss man Schritt für Schritt lernen, vernünftig mit Alkohol umzugehen. Warum fragst du?
Warum trinken Menschen eigentlich Alkohol?	Weil es ihnen schmeckt und sie gerne mal feiern und lustig sind.	Weil Alkohol, in kleinen Mengen getrunken, eine angenehme Wirkung im Gehirn erzeugt. Bei bestimmten Gelegenheiten kann das etwas sehr Schönes sein. Auf die Dauer mögen wir Alkohol dann auch geschmacklich. Andererseits ist Alkohol auch gefährlich, wenn man

▶

Frage	Ungünstige Antwort	Günstige Antwort
		zu viel oder zu häufig trinkt. Man muss also lernen, vernünftig mit Alkohol umzugehen. Wie kommst du auf die Frage?
Was ist ein Alkoholiker?	Menschen, die sich ihren Alkoholkonsum nicht im Griff haben. Die sind dann ständig betrunken.	Alkohol hat wie jede andere Droge immer eine Zwei-Phasen-Wirkung in unserem Gehirn. Erst eine angenehme Hauptwirkung und dann eine unangenehme Nachwirkung. Wenn nun jemand erneut Alkohol trinkt, um diese unangenehme Nachwirkung zu beseitigen, dann kann er von Alkohol abhängig werden. Er braucht dann den Alkohol, um sich normal zu fühlen, und kann nicht mehr darauf verzichten, obwohl er sich immer mehr schadet. Wie kommst du drauf?

Frage	🍺 Ungünstige Antwort	🍺 Günstige Antwort
Was ist Komasaufen?	Trinken bis zum Abwinken. Die können sich nicht beherrschen und vertragen einfach nicht so viel.	Das ist ein typischer Anfängerfehler von Jugendlichen im Umgang mit Alkohol. Sie trinken so viel, dass ihr Stammhirn beeinträchtigt wird und sie schließlich bewusstlos werden (ins Koma fallen). Der Betroffene muss sofort ins Krankenhaus gebracht werden, sonst kann er sterben. Wo hast du denn davon gehört?
Was ist eigentlich Alkohol?	Also, der macht lustig und fröhlich, man sollte halt nicht zu viel davon trinken.	Alkohol ist in unterschiedlicher Konzentration in Bier, Wein oder Schnaps enthalten. Er erzeugt, in kleinen Mengen getrunken, eine angenehme Enthemmung. Wenn man zu viel Alkohol trinkt, dann verliert man allerdings die Kontrolle über sich. Das kann dann sehr gefährlich werden. Am ▶

Frage	Ungünstige Antwort	Günstige Antwort
		besten trinkt man immer nur ein bis zwei Gläser.
Was ist ein Kater?	Kopfweh und Übelkeit, wenn man am Abend zu viel Alkohol getrunken hat.	Alkohol hat immer eine Zwei-Phasen-Wirkung in unserem Gehirn. Zunächst eine angenehme Hauptwirkung, solange man nur ein bis zwei Gläser trinkt. Danach kommt es aber immer zu einer unangenehmen Nachwirkung in unserem Gehirn. Wenn diese sehr stark ist, nennt man das einen Kater. Manche Menschen haben das schon bei relativ geringen Alkoholmengen, andere erst bei größeren. Die sind dann besonders in Gefahr, zu viel zu trinken. Wie kommst du auf die Frage?
Ab wann darf ich	Da frag mal nicht so viel, das kommt noch früh genug.	Ab dem 16. Lebensjahr darf man ohne Aufsicht der Eltern Bier

Frage	Ungünstige Antwort	Günstige Antwort
Alkohol trinken?		und Wein trinken. Ab dem 18. Lebensjahr auch Schnaps. Vorher darf man lediglich unter Aufsicht der Eltern kleine Mengen Alkohol trinken. Willst du denn Alkohol trinken?
Wie schmeckt eigentlich Alkohol?	Also vielen Menschen schmeckt das sehr gut. Man muss sich halt beherrschen, dass man nicht zu viel trinkt.	Alkohol selbst hat eigentlich keinen Geschmack. Die meisten alkoholischen Getränke schmecken Kindern auch erst mal gar nicht, weil sie viel zu bitter sind. Aber da sie in unserem Gehirn bei kleinen Mengen eine angenehme Wirkung erzeugen können, schmecken sie uns dann immer besser. Wie kommst du auf die Frage?
Wie wird man Alkoholiker?	Das sind Leute, die keinen festen Willen haben und daher dem Alkohol nicht widerstehen können.	Im Prinzip kann jeder Alkoholiker werden. Denn Alkohol hat wie alle Drogen eine Zwei-Phasen-Wirkung. Zunächst angenehme

Frage	Ungünstige Antwort	Günstige Antwort
		Hauptwirkung, dann unangenehme Nachwirkung. Wenn man in dieser Phase erneut Alkohol trinkt, dann kann sich die unangenehme Nachwirkung immer mehr auftürmen, bis man schließlich den Alkohol braucht, um sich normal zu fühlen. Von daher sollte man Alkohol niemals täglich trinken. Wie kommst du auf die Frage?
Warum trinkst du Alkohol?	Es schmeckt halt und es gehört zum Leben dazu. Wenn du größer bist, wirst du das schon merken.	Eine gute Frage. Alkohol bewirkt in kleinen Mengen getrunken eine angenehme Wirkung. Irgendwann schmeckt einem dadurch dann auch der Alkohol. Außerdem ist Alkohol auch Bestandteil von vielen Festlichkeiten oder Bräuchen. Aber da größere Mengen Alkohol immer

▶

Frage	🍺 Ungünstige Antwort	🍺 Günstige Antwort
		auch dazu führen können, dass man die Kontrolle über sich verliert, sollte man nie mehr als ein bis zwei Gläser trinken. Warum fragst du?

Medien/Musik/Werbung

Bei hohem Medienkonsum (Fernsehen, Kino und Internet) sind Jugendliche in massierter Form den gezielten Botschaften der Alkoholwerbung ausgesetzt. Jugendliche schauen bis zu ihrem 16. Lebensjahr im Schnitt etwa 2000 Werbespots der Alkoholindustrie. In diesen wird gezielt der Eindruck vermittelt, dass das Trinken von Alkohol ein sehr viel zentralerer Bestandteil des Lifestyles und der Fun-Gesellschaft sei, als er tatsächlich ist. Viele Medienereignisse sind unmittelbar mit Alkohol verknüpft (z. B. Siegerehrungen im Sport, Berichte von Feierlichkeiten oder Festakten). Gleichzeitig werden alle Fernsehsendungen mit besonders hoher Einschaltquote (z. B. die Sportschau, Formel-1-Rennen, Fußballweltmeisterschaft) systematisch mit Spots der Alkoholindustrie beworben. In 2011 wurden 585 Millionen Euro für Alkoholwerbung ausgegeben (DHS, 2013). Ein besonders kritisches Beispiel sind die Bierduschen nach dem Gewinn entscheidender Fußballspiele, die in den Live-Übertragungen ausführlich dargestellt und von den Kommentatoren in der Regel ausschließlich positiv bewertet werden (vgl. Abbildung 8).

Dagegen werden die Alkoholprobleme in den Medien meist auf dramatisierende Art und Weise bzw. als schwere Suchterkran-

Abbildung 8 Bierdusche nach dem Gewinn der Deutschen Fußballmeisterschaft 2013 (Foto: picture alliance/sampics/Stefan Matzke)

kung dargestellt, sodass Jugendliche keine Beziehung zu ihrem eigenen Trinkverhalten herstellen (können).

Eine besonders perfide Strategie der Alkoholindustrie zur Beeinflussung von Jugendlichen stellt die zunehmende Unterwanderung der Rap-Musik dar. Zwischen 1979 und 2005 verfünffachte sich der Anteil der Songs, die von Alkohol handeln, von

8 Prozent auf 44 Prozent. Beispielsweise ist Seagrams, einer der größten Hersteller harter Alkoholika in den USA, mittlerweile der weltweit größte Musikproduzent. Während in der Folk- und Countrymusik Alkohol meist in seinen negativen Auswirkungen besungen wird, liegt der Fokus in Rap-Songs auf positiven Aspekten des Alkohols. Auf den Webseiten vieler Alkoholproduzenten finden sich Veranstaltungskalender von besonders angesagten Musikkonzerten. Auf diese Weise ist es beispielsweise Jägermeister© gelungen, von einem biederen Getränk für ältere Männer zu einem Trendgetränk bei Jugendlichen zu werden.

Nun könnten Sie sagen, ach was, mein Kind lässt sich doch nicht so einfach manipulieren. Tatsächlich ist aber wissenschaftlich bewiesen, dass der Einfluss all dieser Machenschaften der Alkoholindustrie auf das Verhalten von Jugendlichen enorm ist:

- Jede zusätzliche Stunde Fernsehkonsum pro Tag erhöht bei Jugendlichen, die bislang noch keinen Alkohol getrunken hatten, die Wahrscheinlichkeit, innerhalb der nächsten 18 Monate erstmals Alkohol zu trinken, um 9 Prozent.
- Das regelmäßige Anschauen von Musikvideoclips erhöht die Trinkwahrscheinlichkeit sogar um 31 Prozent.
- Den stärksten Einfluss hat dabei nachweislich der Alkoholkonsum von sympathischen Protagonisten in Kinofilmen. Denn dies wird vom Zuschauer nicht bewusst als Alkoholwerbung erkannt.

Somit bieten die Medien Jugendlichen leider keine hilfreiche Orientierung bezüglich eines risikoarmen Alkoholkonsums. Ganz im Gegenteil: Sie werden von der Alkoholindustrie systematisch genutzt, um Jugendliche als künftige Alkoholkonsumenten zu gewinnen. Als Eltern sollten Sie deshalb dafür sorgen, dass Ihr Kind diesen Einflüssen nicht übermäßig oder zu früh, v. a. aber nicht unbeaufsichtigt ausgesetzt ist. Wichtige Maßnahmen sind hierbei:

- kein Fernsehgerät im Kinderzimmer,
- gezielter Fernsehkonsum gemeinsam mit Ihrem Kind,
- Einhalten der Altersangaben bei Filmen im Kino und zuhause,
- kein unkontrollierter Zugang zu PC oder Smartphone unter 16 Jahren,
- klare Absprachen und regelmäßiger Austausch über die Internetnutzung durch PC oder Smartphone.

Erläutern Sie Ihrem Kind Ihr Vorgehen ganz explizit. Erwarten Sie keine Zustimmung, sondern bleiben Sie in Ihrem Verhalten so konsequent wie möglich bei den einmal aufgestellten Regeln. Machen Sie deutlich, dass bestimmte Dinge für Sie nicht verhandelbar sind. Sie müssen Ihrem Kind nicht einleuchten, es muss nicht inhaltlich zustimmen. Bestimmte Regeln gelten trotzdem. Natürlich ist es sinnvoll, dass Sie Ihre aufgestellten Regeln innerlich immer wieder kritisch überprüfen und den tatsächlichen Gegebenheiten bei Ihrem Kind anpassen. Aber wir empfehlen dringend, dass Sie diese Diskussion nicht mit Ihrem Kind führen, sondern mit anderen Eltern oder Freunden, und dann Ihrem Kind Ihre Entscheidung mitteilen. Sonst haben Sie endlose, unersprießliche Gespräche.

Mutter: Es geht nicht darum, was alle anderen machen. Dein Vater und ich möchten nicht, dass du einer Werbung ausgesetzt wirst, von der du meistens gar nichts mitbekommst. Die Altersbegrenzungen bei Filmen haben sich schließlich keine Narren ausgedacht. Klar sollst du dich mit deinen Freundinnen und Freunden übers Handy oder den PC unterhalten. Aber wir wollen klare Absprachen und wollen auch sehen, welche Programme du dafür benutzt. ▶

Sophie: Also andere Eltern sehen das nicht so verkniffen, ihr seid da voll verkrampft. Was soll mir denn schon groß passieren?

Mutter: Es geht hier um handfeste Interessen derjenigen, die wollen, dass möglichst viele Jugendliche möglichst viel Alkohol trinken. Und dazu ist denen jedes Mittel recht. Du merkst das leider nicht. Und wir nehmen unsere Verantwortung an diesem Punkt sehr ernst. Da gibt es kein Verhandeln.

Elterntipp 9

Je früher Sie Ihr Kind in Sachen Alkohol sensibilisieren, umso besser. Nutzen Sie jede sich bietende günstige Gelegenheit im Alltag, um Ihrem Kind wichtige Informationen zum risikoarmen Umgang mit Alkohol in altersgerechter Form zu vermitteln. Achten Sie in Bezug auf Fernsehkonsum, Internet- und Handy-Nutzung sowie Kinobesuche streng darauf, dass Ihr Kind nicht unbeaufsichtigt und zu früh ungünstigen Beeinflussungsversuchen der Alkoholindustrie ausgesetzt ist.

10 Mein eigener Umgang mit Alkohol

Kinder haben ein erhöhtes Risiko, selbst Alkoholprobleme zu entwickeln, wenn ihre Eltern ein Alkoholproblem haben. Auch wenn hierbei genetische Einflüsse nicht ganz ausgeschlossen werden können, ist das Entscheidende doch die schlechte Vorbildwirkung. Zumindest dürften Sie für Ihr Kind keine Glaubwürdigkeit in Sachen risikoarmen Konsum besitzen, wenn Sie selbst übermäßig Alkohol trinken. Die Sorge um den (künftigen) Alkoholkonsum Ihres Kindes könnte somit ein guter Grund sein, den eigenen Alkoholkonsum kritisch zu überprüfen.

Nun liegt es auch bei Erwachsenen in der Natur der Sache, dass man insbesondere in unserer gestörten Trinkkultur (vgl. Kapitel 4) seinen eigenen Alkoholkonsum in der Regel zu wenig kritisch sieht. Wir empfehlen Ihnen daher, einen kurzen Selbsttest zu machen, den die WHO unter dem Namen AUDIT (Alcohol Use Disorder Identification Test) entwickelt hat, um einen kritischen Alkoholkonsum rechtzeitig selbst erkennen zu können. Sie können den AUDIT sowohl in diesem Buch ausfüllen und selbst auswerten, Sie können ihn aber auch vollkommen anonym und kostenlos im Internet unter *www.selbsthilfealkohol.de* ausfüllen. Dort erhalten Sie eine ausführlichere Rückmeldung zu Ihren Testwerten.

Der AUDIT-Fragebogen

Ein Glas Alkohol entspricht:

0,33 Liter Bier
0,25 Liter Wein oder Sekt
0,02 Liter Spirituosen

(a) Wie oft trinken Sie Alkohol?

0	1	2	3	4
nie	etwa 1 × pro Monat	2–4 × pro Monat	2–3 × pro Woche	4 × oder öfter pro Woche

(b) Wenn Sie an einem Tag Alkohol trinken, wie viel Gläser alkoholhaltiger Getränke trinken Sie dann typischerweise?

0	1	2	3	4
1 oder 2	3 oder 4	5 oder 6	7 oder 8	9 oder mehr

	nie	seltener als 1 x pro Monat	1 x pro Monat	1 x pro Woche	täglich oder fast täglich
(c) Wie oft haben Sie an einem Tag mehr als sechs alkoholische Getränke getrunken?	0	1	2	3	4
(d) Wie oft haben Sie im letzten Jahr festgestellt, dass Sie mehr getrunken haben, als Sie eigentlich wollten?	0	1	2	3	4
(e) Wie oft haben Sie im letzten Jahr im Zusammenhang mit dem Alkoholtrinken eine Aufgabe nicht erledigt, die man eigentlich von Ihnen erwartet hatte?	0	1	2	3	4
(f) Wie oft haben Sie im letzten Jahr morgens Alkohol getrunken, um in Schwung zu kommen?	0	1	2	3	4
(g) Wie oft fühlten Sie sich im letzten Jahr schuldig oder hatten ein schlechtes Gewissen aufgrund Ihres Alkoholtrinkens?	0	1	2	3	4
(h) Wie oft im letzten Jahr waren Sie aufgrund des Alkoholtrinkens nicht in der Lage, sich an Ereignisse der letzten Nacht zu erinnern?	0	1	2	3	4

	nein	ja, aber nicht im letzten Jahr	ja, im letzten Jahr
(i) Wurden Sie oder jemand anders schon einmal verletzt, weil Sie Alkohol getrunken hatten?	0	2	4
(j) Hat sich schon einmal ein Verwandter, ein Freund, ein Arzt oder jemand anders über Ihr Alkoholtrinken Sorgen gemacht oder Ihnen vorgeschlagen, weniger zu trinken?	0	2	4

Auswertung des AUDIT
Zählen Sie zunächst alle Punktwerte zu einem Gesamtwert zusammen.

Gesamtwert unter 5
Solange Sie tatsächlich nicht häufiger als zwei bis vier Mal pro Woche Alkohol trinken und hierbei die Trinkmenge maximal zwei Gläser beträgt, brauchen Sie sich bezüglich Ihres Alkoholkonsums in der Regel keine Sorgen zu machen. Falls Sie allerdings täglich Alkohol trinken, so müssen wir Sie vor einer Toleranzsteigerung warnen. Falls Sie bei einer Gelegenheit mehr als zwei Gläser trinken, so ist dies leider auch nicht mehr risikoarm. Ein risikoarmer Alkoholkonsum bedeutet:
- bei Frauen: maximal ein Glas an maximal fünf Tagen in der Woche,
- bei Männern: maximal zwei Gläser an maximal fünf Tagen in der Woche.

Natürlich darf man dabei nicht aufrechnen: Wenn jemand nur einmal in der Woche, dann aber zehn Gläser trinkt, ist das eindeutig nicht mehr risikoarm.

Ab einem Gesamtwert von 5
Leider kann man Ihren Alkoholkonsum nicht mehr als risikoarm bezeichnen.
- Falls Sie täglich Alkohol trinken, so müssen wir Sie vor einer Toleranzsteigerung warnen, die Ihren Alkoholkonsum ansteigen lassen wird.
- Falls Sie bei einer Gelegenheit mehr als zwei Gläser trinken, so bedeutet dass, dass das Risiko für körperliche Langzeitschäden erhöht ist.
- Möglicherweise haben Sie bereits einmal Kritik wegen Ihres Trinkens erfahren oder schon einmal versucht, Ihr Trinken zu reduzieren.

Nun wollen wir die Dinge auch nicht dramatisieren. Es wird sehr viele Menschen in Ihrem Umfeld geben, die einen ähnlichen Alkoholkonsum haben wie Sie. Trotzdem sollten Sie darüber nachdenken, Ihren Alkoholkonsum einzuschränken. Denn ein risikoarmer Alkoholkonsum bedeutet:
- bei Frauen: maximal ein Glas an maximal fünf Tagen in der Woche,
- bei Männern: maximal zwei Gläser an maximal fünf Tagen in der Woche.

Natürlich darf man dabei nicht aufrechnen: Wenn jemand nur einmal in der Woche, dann aber zehn Gläser trinkt, ist das eindeutig nicht mehr risikoarm.

Ab einem Gesamtwert von 8
Ihr Alkohol ist als eindeutig riskant einzuschätzen. Ihre Offenheit bei der Beantwortung verdient Respekt. Es spricht sehr für Sie, dass Ihr Verantwortungsgefühl für den Alkoholkonsum Ihres Kindes Sie dazu bewogen hat, sich selbstkritisch mit Ihrem eigenen Trinkverhalten auseinanderzusetzen. Dies wird Ihnen allerdings nur dann von Nutzen sein, wenn Sie Ihren Alkoholkonsum nun auch tatsächlich deutlich reduzieren.

Genau dies ist allerdings nicht so ganz einfach. Damit es nicht bei guten Vorsätzen bleibt, empfehlen wird Ihnen als ersten Schritt die vollkommen anonyme Teilnahme an dem Online-Selbsthilfeprogramm *www.selbsthilfealkohol.de*, dessen Wirksamkeit wissenschaftlich in mehreren Studien nachgewiesen werden konnte. Sie können bei diesem Programm selbst entscheiden, ob Sie Ihren Alkoholkonsum lediglich reduzieren oder ganz aufhören möchten. Sie können das Programm jederzeit von Ihrem Computer zuhause beginnen. Bei dem Programm machen Sie regelmäßig Eingaben zu Ihrem tatsächlichen Alkoholkonsum, Sie erhalten dadurch Rückmeldung über Ihre Fortschritte, Sie erledigen kleine Aufgaben, haben die Möglichkeit, Ihre Erfahrungen in einem persönlichen Tagebuch festzuhalten oder sich mit Gleichgesinnten in einem abgeschirmten Forum anonym auszutauschen (vgl. Abbildung 9).

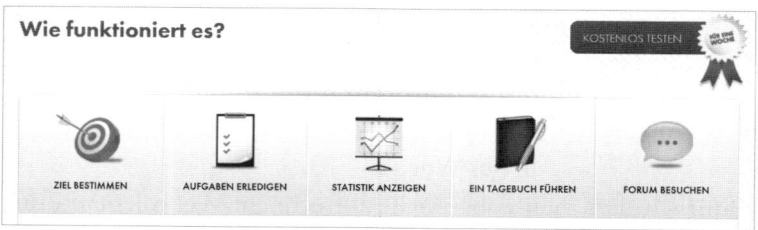

Abbildung 9 Das Online-Selbsthilfeprogramm *www.selbsthilfealkohol.de*

☹ Ab einem Gesamtwert von 15

Leider müssen wir Ihnen mitteilen, dass bereits die Möglichkeit einer Alkoholabhängigkeit besteht. Auch hier verdient Ihre selbstkritische Offenheit großen Respekt. Allerdings ist es nun leider möglicherweise zu spät für eine selbstständige Reduktion Ihres Alkoholkonsums. Körperliche Komplikationen in Form von schwerwiegenden Entzugserscheinungen (z. B. Krampfanfälle) können nicht mehr ausgeschlossen werden. Wir empfehlen Ihnen daher dringend, Kontakt zu einer Suchtberatungsstelle oder Ihrem Hausarzt aufzunehmen, um sich über das weitere Vorgehen zu beraten. Adressen von Suchtberatungsstellen in Ihrer Nähe finden Sie unter *www.dhs.de*. Wenn Sie besser verstehen wollen, was es mit einer Alkoholabhängigkeit und ihren Behandlungsmöglichkeiten auf sich hat, so empfehlen wir Ihnen kostenlose Kurzvorträge auf der Website *www.lieberschlaualsblau.de* oder die Lektüre des Buches »Lieber schlau als blau« (siehe Literaturempfehlungen Kapitel 16).

Natürlich wird all dies erhebliche Überwindung kosten. Aber bedenken Sie, dass das erhöhte Risiko für Ihr Kind, Ihretwegen ebenfalls Alkoholprobleme zu entwickeln, nur dadurch abgewendet werden kann, wenn Sie Ihr eigenes Alkoholproblem erfolgreich überwinden.

> **Elterntipp 10**
>
> Bedenken Sie, dass wissenschaftlich nachgewiesen werden konnte, dass es für Kinder gegenüber anderen Gleichaltrigen sogar einen gewissen Vorteil bedeutet, wenn ihre Eltern ein eigenes Alkoholproblem erfolgreich bewältigt haben. Diese Chance sollten Sie sich nicht entgehen lassen. Überprüfen Sie kritisch Ihren eigenen Alkoholkonsum.

11 Lernen durch Probieren

Gerade für einen Heranwachsenden ist es wichtig, seine eigenen Erfahrungen zu machen, um sich von seinen Eltern lösen und eine eigene Persönlichkeit mit eigenen Normen und Verhaltensgewohnheiten entwickeln zu können. Es ist also grundsätzlich nicht falsch, wenn Ihr Kind sich früher oder später für Alkohol interessiert und hierbei zu riskantem Verhalten neigt bzw. Anfängerfehler macht.

Wie schnell Ihr Kind hierbei aus Erfahrung klug wird, hängt aber entscheidend von den Lernbedingungen bei seinen ersten Versuchen mit Alkohol ab:

- **Begrenztes Risiko.** Am besten trinkt Ihr Kind anfangs gewissermaßen unter Aufsicht von Ihnen in einer Situation, in der es im Anschluss keinen unbeaufsichtigten Heimweg gibt.
- **Begrenzte Trinkmenge.** Ihr Kind sollte sich bei seinen ersten Alkoholerfahrungen nicht betrinken, sondern lediglich ein bis höchstens zwei Gläser trinken, damit es eine Wirkung spürt, aber weder die Kontrolle noch seine kritische Selbstbeobachtungsfähigkeit verliert.
- **Systematischer Erfahrungsaustausch.** Sie sollten sich mit Ihrem Kind in systematischer Weise über seine Erfahrungen mit Alkohol austauschen.

Häufig werden wir von Eltern an dieser Stelle besorgt gefragt, ob nicht die Gefahr besteht, ihr Kind auf diese Weise regelrecht zum Trinken zu animieren. Tatsächlich wird immer wieder fälschlicherweise behauptet, dass Kinder umso mehr Alkoholprobleme bekommen, je früher sie in ihrem Leben das erste Mal Alkohol getrunken haben. Daraus wird dann abgeleitet, dass Eltern ihren Kindern möglichst bis zum 16. Lebensjahr jeglichen Alkoholkonsum verbieten sollten.

Tatsächlich ist es aber so, dass nicht das absolute Alter, in dem Kinder zum ersten Mal Alkohol trinken, dafür entscheidend ist, ob sie später Alkoholprobleme entwickeln, sondern wie günstig oder ungünstig hierbei die Lernbedingungen im Umgang mit Alkohol waren. Beispielsweise ergab eine repräsentative Studie an Jugendlichen im Alter von 10 bis 14 Jahren, dass jene Jugendliche eher zu späterem Risikokonsum neigten, die ihren ersten Alkoholkonsum auf einer Party hatten, um mehr Spaß zu haben. Diejenigen, die ihren ersten Alkoholkonsum beim Anstoßen im Rahmen einer Festlichkeit hatten oder gezielt die Wirkung ausprobieren wollten, hatten einen geringeren Risikokonsum. Außerdem neigen diejenigen Jugendlichen, die ihren ersten Alkoholkonsum im Beisein ihrer Eltern hatten, signifikant zu weniger Risikokonsum.

Für günstige Lernbedingungen können Sie in punkto Alkohol für Ihr Kind gezielt sorgen.

Nippen
Früher oder später wird Ihr Kind fragen, ob es auch mal Alkohol probieren darf. Reagieren Sie nicht einfach abweisend.

»Sag mal, spinnst du, du willst doch kein Alkoholiker werden.«

Natürlich will Ihr Kind kein Alkoholiker werden. Aber berechtigterweise sieht es keinen Zusammenhang zwischen seinem Wunsch nach einem Schluck Alkohol und der Entwicklung einer Alkoholabhängigkeit.

Machen Sie sich also klar, dass dies ein günstiger Moment für Ihr Kind ist, etwas Wichtiges über Alkohol zu erfahren. Denn ganz offensichtlich ist Ihr Kind aufmerksam, motiviert und somit lernbereit für das Thema Alkohol. Ein sogenannter »teachable moment«, den Sie nutzen sollten, um zwei Dinge zu verdeutlichen:

(1) Alkohol ist nichts für Kinder. Es gibt viele Dinge, die Erwachsene dürfen und Kinder nicht. Das ist für Ihr Kind somit nichts wesentlich Neues. Prinzipiell wird Ihr Kind diesen Umstand auch nicht ernsthaft in Frage stellen. Für Alkohol gilt, dass man erst ab 16 Jahren Bier oder Wein ohne Aufsicht der Eltern trinken darf. Ihr Kind wird allerdings eine Begründung fordern. Diese sollte kurz und eindeutig sein:

»Alkohol ist nichts für Kinder. Dein Gehirn wächst noch, da ist Alkohol sehr schädlich. Das Gehirn von Erwachsenen wächst leider nicht mehr, da sind ein bis zwei Gläser Alkohol nicht mehr schädlich.«

Der Vorteil dieser Begründung liegt darin, dass ein unmittelbarer Schaden durch Alkohol benannt wird, dessen sich Ihr Kind nicht bewusst war, den es aber auch mit Sicherheit nicht haben will. Gleichzeitig wird dadurch plausibel, warum Erwachsene durchaus Alkohol trinken können, Kinder dagegen nicht.

Falls Ihr Kind wissen will, inwiefern Alkohol dem Gehirn schaden kann, sollten Sie keine lange Erklärung liefern, sondern lediglich kurz antworten:

> »Alkohol schädigt die Gehirnzellen. Man kann dann schlechter lernen oder sich konzentrieren.«

(2) Alkohol schmeckt Kindern nicht. Allerdings spricht nichts dagegen, dass Ihr Kind am Alkohol riecht oder einen kleinen Schluck Bier, Sekt oder Wein probiert. Solange es kein süßer Alkohol ist, wird das Ihrem Kind nicht schmecken und somit erleichtern zu akzeptieren, dass Alkohol nichts für Kinder ist. Damit entfällt der Reiz des Verbotenen und Ihr Kind wird weniger anfällig für die Verführung durch Gleichaltrige, da es von eigenen Erfahrungen sprechen kann.

Seien Sie aber sehr präzise und bleiben Sie in Kontakt mit Ihrem Kind, während es am Alkohol nippt:

> »Okay, einen ganz kleinen Schluck darfst du probieren ... Und wie schmeckt das? ... Dann nehme ich das Glas jetzt wieder zu mir.«

Natürlich lehnen Sie ab, dass Ihr Kind jetzt immer öfter probieren will. Hier gilt die Begründung von oben:

> »Nein, ich habe dir ja schon gesagt, dass Alkohol sehr schädlich ist, solange das Gehirn noch wächst.«

Alkohol zu festlichen Anlässen
Typischerweise wird bei vielen Familienfeiern Alkohol getrunken. Spätestens dann, wenn die ersten Freunde oder Klassenkameraden Ihres Kindes Alkohol trinken, stellen festliche Anlässe eine ideale Möglichkeit dar, Ihr Kind unter abgesicherten Bedingungen eigene Erfahrungen mit Alkohol machen zu lassen. Wahrscheinlich ist das so im Alter zwischen 13 und 15 Jahren.
Der geeignete Zeitpunkt. Es ist keine einfache Entscheidung, ab welchem Alter Sie Ihr Kind erstmals Alkohol trinken lassen sollten. Denn tatsächlich wäre es für das Gehirn Ihres Kindes am besten, vor dem 18. Lebensjahr keinerlei Kontakt mit Alkohol zu haben. Nur dürfen Jugendliche nach dem Gesetz ab dem 16. Lebensjahr selbstständig Wein und Bier kaufen und trinken. Entsprechend fangen Jugendliche heutzutage ab dem 13. bis 15. Lebensjahr an, Alkohol zu trinken. Um zu verhindern, dass Ihr Kind seine ersten Alkoholerfahrungen unvorbereitet unter Gleichaltrigen macht, sollten Sie es vorher in Ihrer Gegenwart trinken lassen.

Nun ist es natürlich im Einzelfall ganz unterschiedlich, wann ein Jugendlicher anfängt, sich für Alkohol zu interessieren. Anhaltspunkte für den geeigneten Zeitpunkt für ein erstes Glas Alkohol Ihres Kindes in Ihrer Gegenwart könnten sein:

- Ihr Kind berichtet von mehreren Alkoholexzessen in seinem Freundeskreis.
- Ihr Kind berichtet davon, dass andere auf Partys Alkohol trinken.
- Ihr Kind berichtet, dass seine wichtigen Freunde bereits Alkohol trinken.
- Ihr Kind interessiert sich für Alkohol und erklärt, dass es gern auch einmal Alkohol trinken würde.
- Ihr Kind hat bereits ein paar Mal mit seinen Freunden Alkohol getrunken.

Es versteht sich von selbst, dass Sie Ihrem Kind keinen Alkohol aufdrängen. Wenn Ihr Kind (noch) nicht an Alkohol interessiert ist, umso besser. Loben Sie Ihr Kind in diesem Fall ausdrücklich für sein Nichttrinken. Machen Sie andererseits klar, dass es kein Drama wäre, wenn es sich eines Tages für Alkohol entscheidet, und dass Sie ihm in diesem Fall gern zeigen würden, wie das richtig geht:

> »Es freut mich, dass du noch keinen Alkohol trinken willst. Tatsächlich ist das am besten für dein Gehirn. Und die Gruppe der Alkoholabstinenzler wird mit jedem Tag größer. Man muss wahrlich keinen Alkohol trinken, um in Stimmung zu kommen oder anerkannt zu werden. Ich bin stolz auf dich!
>
> Andererseits trinkt die große Mehrheit in unserem Land regelmäßig Alkohol. Es könnte also gut passieren, dass du einem gewissen Druck ausgesetzt wirst, kein Spielverderber zu sein und mitzutrinken. Schon mal erlebt? Wie hast du das gemeistert?
>
> Falls du dich irgendwann doch für Alkohol entscheidest, dann sag uns bitte Bescheid. Wir würden dir nämlich gern zeigen, wie man das richtig macht, und dir dadurch blöde und überflüssige Erfahrungen ersparen. Einverstanden?«

Wenn Sie Ihr Kind erstmals Alkohol trinken lassen, dann sollten Sie das unter abgesicherten und pädagogisch günstigen Bedingungen tun:
- ▶ **Risikoarmer Alkoholkonsum ist eingebunden in ein gesellschaftliches Ritual.** Machen Sie deutlich, dass es eine Ausnahme ist. Es geht eindeutig nicht darum, dass Ihr Kind ab jetzt regelmäßig mit Ihnen Alkohol trinkt.
- ▶ **Nur ein bisschen Alkohol ist angenehm.** Erlauben Sie beim ersten Mal lediglich ein Glas Wein, Bier oder Sekt.

- **Lernen geschieht nicht nebenbei.** Lassen Sie Ihr Kind nicht einfach Alkohol trinken, sondern wenden Sie sich ihm hierbei bewusst zu und werten Sie die Trinkerfahrung gemeinsam mit Ihrem Kind aus.

Ihr Kind wird sich wahrscheinlich sehr »groß« vorkommen, dass es mittrinken darf. Auch dies ist wieder ein günstiger Moment zu lernen, Ihr Kind ist motiviert und offen für Erfahrung. Das sollten Sie nutzen:

»Max, wenn du möchtest, dann darfst du heute zur Feier des Tages ein Glas × mittrinken. Willst du? Okay, aber wir sind uns einig, nur ein Glas?«

Wenn Ihr Kind hier nicht zustimmt, lehnen Sie konsequent ganz ab:

»Dann tut es mir leid und du bekommst gar keinen Alkohol.«

Stoßen Sie gemeinsam an und trinken Sie gemeinsam. Nehmen Sie selbst nur einen kleinen Schluck. Fragen Sie Ihr Kind nach dem Geschmack und etwas später nach der Wirkung des Alkohols. Zeigen Sie dabei unmittelbar, was ein genussvolles Trinken ist und schreiten Sie ein, wenn Ihr Kind zu hastig trinkt. Verwenden Sie auch hierbei immer wieder die Worte Anfänger und Profi.

»Nicht so hastig, das machen nur die Anfänger, weil sie Alkohol nicht genießen und die Wirkung nicht richtig abschätzen können. Die Profis trinken Alkohol so …«

Machen Sie deutlich, dass man auf nüchternen Magen höchstens kurz gemeinsam mit Alkohol anstößt, dann aber etwas isst, während man weiter trinkt.

Fragen Sie Ihr Kind nach der Wirkung und geben Sie Rückmeldung, wenn Sie eine Alkoholwirkung erkennen können.

Fragen Sie, welche Tätigkeiten jetzt riskant wären.

Bleiben Sie in der Nähe Ihres Kindes und lassen Sie es nicht unbeaufsichtigt. Schreiten Sie ein, falls Ihr Kind innerhalb der nächsten Stunde Fahrradfahren, Sporttreiben oder sonst eine riskante Tätigkeit aufnehmen will:

> »Das geht jetzt leider nicht, du hast Alkohol getrunken und bist dadurch weniger sicher und etwas enthemmt. Da kannst du jetzt nicht … Das würden nur Anfänger machen. Wir müssen erst warten, bis der Alkohol in deinem Körper abgebaut ist, das wird ca. eine Stunde dauern. Profis wissen das.«

Insgesamt soll es eine positive Erfahrung sein, die aber an die Einhaltung von bestimmten Regeln gebunden ist.

Ausdrücklich betonen möchten wir nochmals, dass Sie nunmehr nicht regelmäßig oder gar täglich mit Ihrem Kind Alkohol trinken sollten! Um es ganz klar zu sagen: Kinder brauchen Eltern und keine Trinkkumpanen. Vielmehr geht es darum, dass Ihr Kind in abgesichertem Modus und systematisch günstiger Art und Weise seine ersten Erfahrungen mit Alkohol machen kann und damit besser gerüstet den nicht immer günstigen Einflüssen seiner Peergruppe in Sachen Alkohol begegnen kann.

Das Schulprogramm *Lieber schlau als blau*

Noch systematischere Lernerfahrungen, wie man »richtig« trinkt, würde Ihr Kind mit Alkohol machen können, wenn es an dem von uns entworfenen Schulprogramm *Lieber schlau als blau* teilnehmen könnte. Im Mittelpunkt dieses Programms steht ein gemeinsames Trinkexperiment, in dem die Teilnehmer die Wirkung von Alkohol unter abgesicherten Bedingungen erfahren und die Wirkung messen und protokollieren. Gemessen wird unter anderem der erreichte Blutalkoholspiegel, die Teilnehmer überprüfen die Auswirkung des Alkohols auf ihre kognitiven Leistungen und vergleichen die tatsächliche Auswirkung des Alkohols mit ihren diesbezüglichen Erwartungen. Die Ergebnisse werden anschließend in drei Unterrichtseinheiten systematisch ausgewertet. Zwischen den Unterrichtseinheiten erhalten die Teilnehmer »Hausaufgaben«, um die erhaltenen Informationen auf die eigene Person zu übertragen und schließlich für sich selbst verbindliche Normen beim künftigen Umgang mit Alkohol zu entwickeln.

Am besten machen Sie den Klassenlehrer auf das Programm aufmerksam oder regen in einer Elternversammlung an, darüber zu diskutieren. Das Programm empfiehlt sich spätestens dann, wenn in einer Klasse mehrere Alkoholexzesse zu beklagen sind. Wenn dagegen in einer Klasse die meisten Schüler noch gar keine Erfahrungen mit Alkohol gemacht haben, dann verbietet sich die Durchführung von *Lieber schlau als blau* von selbst, um Jugendliche dadurch nicht erst auf den Geschmack zu bringen. *Lieber schlau als blau* kann allerdings durchaus in einer Klasse durchgeführt werden, in der einige Schüler noch keinen Alkohol getrunken haben. Diese nehmen dann am Trinkexperiment nicht teil, können aber von den anderen Trainingseinheiten sehr wohl profitieren.

Seien Sie aber darauf gefasst, dass nicht alle Eltern begeistert reagieren werden. Die häufigsten Einwände sind:
- ▶ dadurch würden Schüler geradezu verführt oder unter Druck geraten, Alkohol zu trinken;
- ▶ es könnte bei dem Trinkexperiment zu gefährlichen Alkoholexzessen kommen;

▶ die Schule könnte durch die Programmteilnahme in Verruf geraten.

Wir konnten allerdings in einer kontrollierten Studie an 725 Schülern nachweisen, dass durch *Lieber schlau als blau* nachhaltig günstige Effekte auf der Verhaltensebene von Jugendlichen im Umgang mit Alkohol erzielt werden können: Die Teilnehmer an dem Präventionsprogramm tranken innerhalb der nächsten sechs Monate signifikant weniger Alkohol und hatten weniger Alkoholexzesse als die Kontrollgruppe. Außerdem kam es während des Trinkexperiments zu keinem einzigen Alkoholexzess.

Elterntipp 11

Damit Ihr Kind nicht vollkommen ahnungslos und als blutiger Anfänger seine ersten Erfahrungen mit Alkohol unter Gleichaltrigen macht, sollten Sie Ihr Kind ab und zu in Ihrer Gegenwart Alkohol trinken lassen. Achten Sie hierbei auf eine geringe Trinkmenge und einen sicheren Rahmen. Vor allem besprechen Sie die dabei gemachten Alkoholerfahrungen mit Ihrem Kind, damit es möglichst schnell die erforderlichen Kenntnisse für einen risikoarmen Umgang mit Alkohol erlernt.

12 Lernen aus negativer Erfahrung

Wir haben ja schon mehrfach betont, dass die Entwicklung eigener Normen im Umgang mit Alkohol Fehler und Übertretungen beinhaltet. Von daher ist es sehr wahrscheinlich, dass Ihr Kind ein oder mehrmals zu viel Alkohol trinken wird. Natürlich wollen wir die damit verbundenen Risiken nicht verharmlosen: Alkoholexzesse können lebensgefährlich sein. Aber andererseits können wir einmal Geschehenes nicht rückgängig machen, sondern nur gezielt dafür sorgen, dass wenigstens eine eindrückliche und möglichst nützliche Lernerfahrung für den künftigen Umgang mit Alkohol daraus wird.

Typische Vorfälle sind:
- Ihr Kind kommt betrunken von einer Party.
- Ihr Kind muss sich alkoholisiert übergeben.
- Sie müssen Ihr angetrunkenes Kind von einer Party abholen.

- Ihr Kind ist mit einer Alkoholvergiftung auf der Intensivstation gelandet oder von der Polizei aufgegriffen worden.
- Sie erfahren, dass sich Ihr Kind unter Alkohol daneben benommen hat.
- Ihr Kind ist alkoholisiert gestürzt oder verletzt worden.
- Ihr Kind hat sich alkoholisiert mit anderen geprügelt.
- Ihr Kind hat alkoholisiert etwas beschädigt oder jemanden verletzt.
- Ihr Kind hatte eine unerfreuliche sexuelle Erfahrung unter Alkohol.
- Ihr Kind ist in einen Unfall mit einem alkoholisierten Fahrer verwickelt worden.
- Ihr Kind ist mit Promille am Steuer erwischt worden.
- Ihr Kind hat ohne Ihre Aufsicht Alkohol getrunken, obwohl es noch keine 16 Jahre alt ist.
- Sie entdecken volle oder leere Flaschen Alkohol im Zimmer Ihres Kindes, obwohl es noch keine 16 Jahre alt ist.

Emotionen sind kein guter Ratgeber
Natürlich löst ein solches Ereignis starke Emotionen bei Ihnen als Eltern aus. Je nachdem sind Enttäuschung, Schamgefühle, die manchmal in Wut und Vorwürfe umschlagen können, oder schlicht Angst und Sorge um Ihr Kind vorherrschend beziehungsweise Erleichterung darüber, dass nicht noch Schlimmeres passiert ist. So verständlich das alles ist, im Sinne Ihres Kindes geht es darum, dass Sie Ihre Gefühle so weit wie möglich kontrollieren:
- Vorwürfe und Wut führen nur zu Abwehr auf Seiten Ihres Kindes. Eine konstruktive Auseinandersetzung wird dadurch erschwert.
- Andererseits sollte Ihr Kind auch nicht plötzlich unsystematische Zuwendung und Aufmerksamkeit erfahren, die es sonst vielleicht eher vermisst hat.

- Vor allem aber lohnt es sich nicht, mit Ihrem Kind ausführlicher zu sprechen, solange es unter der Wirkung von Alkohol steht. Ihr Kind ist zu diesem Zeitpunkt im wahrsten Sinne des Wortes nicht zurechnungsfähig. Außerdem wird es sich in nüchternem Zustand nicht exakt an die Dinge unter Alkohol erinnern können.

Krisenmanagement zuerst
Wie bei einem Verkehrsunfall auch geht es zunächst ausschließlich darum, die Unfallstelle abzusichern und die Verletzten zu versorgen, damit nicht noch weiterer Schaden entsteht. Im Falle eines negativen alkoholbedingten Vorfalls Ihres Kindes bedeutet dies beispielsweise:
- Holen Sie Ihr Kind sofort nach Hause, wenn es von irgendwo betrunken anruft. Auch wenn es mitten in der Nacht sein sollte und Ihnen der Sinn eher nach Bestrafung steht. Bedenken Sie, dass Ihr Kind in unmittelbarer Gefahr schwebt und Sie nur durch sofortiges Handeln Schlimmeres verhindern können.
- Versorgen Sie Ihr Kind, wenn es betrunken nach Hause kommt. Auch hier sollten Sie beachten, dass Ihr Kind an seinem Erbrochenen ersticken kann, betrunken stürzen kann oder mit elektrischen Geräten gefährlich hantiert.
- Besorgen Sie einen Anwalt, wenn Ihr Kind unter Alkohol Straftaten begangen hat, damit die Rechte Ihres Kindes wahrgenommen werden können.
- Bringen Sie Ihr Kind auf die Notfallstation, wenn es unter Alkohol verletzt wurde, und rufen Sie den Notarzt, wenn Ihr Kind alkoholbedingt das Bewusstsein verliert oder nicht mehr steuerungsfähig ist.
- Nehmen Sie die Alkoholvorräte Ihres Kindes an sich, wenn es noch keine 16 Jahre alt ist.

All dies sollten Sie ohne großen Kommentar zielgerichtet und umsichtig erledigen. Beschränken Sie Ihre Kommunikation auf das aktuell Notwendige. Handeln Sie ruhig, zügig und entschieden. Kriseninterventionen sind nicht verhandelbar, insbesondere nicht mit jemandem, der unter Alkohol steht. Diskussionen über den Hergang des Vorfalls sind zu diesem Zeitpunkt vollkommen unangebracht und hinderlich. Sie sollten explizit auf später vertagt werden. Unterbrechen Sie Ihr Kind, wenn es zu diesem Zeitpunkt über das Erlebte sprechen oder sich rechtfertigen will. Bezeichnen Sie das Vorkommnis lediglich konsequent als typischen Anfängerfehler im Umgang mit Alkohol, nicht mehr und nicht weniger:

»Ich hole dich sofort ab, bleib wo du bist, trinke keinen weiteren Alkohol, ich bin in etwa xx Minuten da. Ist jemand in der Nähe, der auf dich aufpasst? Gib sie/ihn mal bitte kurz ans Telefon ... Bitte passen Sie auf mein Kind auf, bis ich da bin, geht das?«
»Hör bitte auf zu jammern. Du brauchst dich jetzt auch nicht zu entschuldigen oder zu rechtfertigen. Das Ganze ist ein typischer Anfängerfehler im Umgang mit Alkohol, wie er leider vielen Jugendlichen passiert. Wir reden darüber, wenn du wieder nüchtern bist. Jetzt bringe ich dich erst mal ins Bett. ... Nein, in diesem Zustand kannst du das nicht ganz allein ... Hier ist ein Eimer, falls du dich übergeben musst. Ich werde ab und zu nach dir schauen.«

Systematische Fehleranalyse
Erst wenn Ihr Kind wieder nüchtern und die akute Krisensituation bewältigt ist, sollten Sie mit ihm eine systematische Fehleranalyse vornehmen. Diese verläuft über zwei Schritte:
(1) Realisieren des angerichteten Schadens bzw. des eingegangen Risikos.
(2) Detaillierte Klärung des unkundigen Umgangs mit Alkohol.

Sie sollten sich ausreichend Zeit für dieses Gespräch nehmen und es gegebenenfalls mit Ihrem Partner etwas vorbereiten. Es schadet nicht, wenn Sie sich hierbei ein paar Stichpunkte notieren, die Sie im Gespräch beachten wollen.

Realisieren des angerichteten Schadens bzw. des eingegangenen Risikos. Sehr häufig werden Jugendliche aus Alkoholexzessen nicht klug, weil sie sich hinterher nicht mehr an alle Einzelheiten erinnern. Durch den Alkohol haben sie ein positiv verzerrtes Erleben der Situation oder können sogar noch unter ihren Freunden über die überstandenen Gefahren im Sinne von »Veteranengeschnatter« angeben. Der erste Schritt bei der systematischen Fehleranalyse beginnt daher damit, dass Ihr Kind realisiert, was es mit seinem Alkoholexzess angerichtet hat bzw. welche tatsächlichen Risiken bestanden haben.

Benennen Sie klar die tatsächlich bestandenen Risiken oder eingetretenen Schäden. Jetzt können Sie auch Ihre Gefühle diesbezüglich beschreiben:

»Okay, wir müssen jetzt mal in Ruhe darüber sprechen, was eigentlich passiert ist. Ich weiß nicht, ob du dir bewusst bist, dass du unter Alkohol ... Dadurch hast du folgende Schäden verursacht/beziehungsweise dadurch bist du folgende Risiken eingegangen ... Ich muss dir sagen, ich war dadurch ...«

Typische *Schäden* durch Alkoholexzesse von Jugendlichen sind:
- eigene Verletzungen durch Stürze oder körperliche Auseinandersetzungen
- Beleidigung, Störung oder Bedrohung von anderen Personen
- Sachbeschädigungen oder Diebstahl
- Verkehrsunfälle
- Verunreinigungen oder Verwüstungen von Räumlichkeiten
- Körperverletzung von anderen Personen
- sexuelle Nötigung oder Vergewaltigung

- Schikanieren, Mobbing, Quälen oder Entwürdigung von anderen Personen
- Begehen von Straftaten (vor allem Fahren ohne Führerschein, Trunkenheit am Steuer)
- Verstoß gegen das Jugendschutzgesetz (vor allem Trinken von Bier oder Wein unter 16 Jahren, Trinken von harten Alkoholika unter 18 Jahren)
- Einnahme von illegalen Drogen und Rauchen von Zigaretten

Typische *Risiken* von Alkoholexzessen bei Jugendlichen sind:
- Lebensgefahr (Bewusstlosigkeit, Erfrieren, Stürze, Verkehrsunfälle, Ersticken)
- bleibende gesundheitliche Schäden (Narben, Entstellungen)
- ungeschützter oder ungewollter Sexualverkehr
- Schwangerschaft
- Anzeigen bzw. Verurteilung wegen Gesetzesübertretungen
- Gefährdung von anderen Personen

Lassen Sie dabei typische Ausreden oder Verharmlosungen nicht gelten:

- »Gut möglich, dass du das unter Alkohol gar nicht so mitgekriegt hast, aber objektiv war es leider genau so, wie ich gesagt habe.«
- »Natürlich warst du nicht der Einzige. Aber das ändert nichts an den durch dich verursachten Schäden bzw. den fahrlässigen Risiken, die du eingegangen bist.«
- »Natürlich hast du das nicht mit Absicht gemacht. Aber wir müssen für unser Handeln gerade stehen, selbst wenn es aus Versehen geschehen ist.«

Detaillierte Klärung des unkundigen Umgangs mit Alkohol. Sobald Ihr Kind Einsicht zeigt, sollten Sie zum nächsten Schritt überleiten, in dem Sie den Vorfall als typischen Anfängerfehler im Umgang mit Alkohol einordnen, aus dem es zu lernen gilt:

»Okay, nun wollen aber auch nicht endlos auf dir herumhacken. Sondern lass uns einmal genauer anschauen, wie dir das eigentlich passieren konnte. Denn es handelt sich ja ganz offensichtlich um einen typischen Anfängerfehler im Umgang mit Alkohol, wie er vielen Jugendlichen in deinem Alter passiert, aus dem man allerdings seine Lehren für die Zukunft ziehen sollte. Erzähl uns bitte ausführlich, wie sich das alles zugetragen hat und wie es kam, dass du zu viel Alkohol getrunken hast.«

Jetzt sollten Sie Ihr Kind systematisch ermutigen, alles so genau und so ehrlich wie möglich zu erzählen. Es ist in dieser Phase nicht sinnvoll, das berichtete Verhalten Ihres Kindes besserwisserisch zu bewerten oder emotional vorwurfsvoll zu reagieren. Dies würde nur zu Verschlossenheit und Reaktanz Ihres Kindes führen. Führen Sie sich immer wieder vor Augen, dass es sich um einen typischen Anfängerfehler im Umgang mit Alkohol handelt, wie er vielen Jugendlichen (vielleicht ja auch Ihnen selbst) passiert ist:

 »Sag mal, spinnst du, wie konntest du nur, wir haben dir doch zig Mal gesagt, warum hast du nicht ...«

Sondern jetzt geht es darum, dass die Fakten auf den Tisch kommen:
- ▶ Woher kam der Alkohol?
- ▶ Wer hat was angeboten?
- ▶ Was und wieviel hat Ihr Kind innerhalb welchen Zeitraums getrunken?
- ▶ Was haben die anderen getrunken?
- ▶ Was hat sich Ihr Kind dabei gedacht?
- ▶ Wie hat sich der Alkohol auf sein Verhalten ausgewirkt?

- Haben andere versucht, mäßigend zu wirken?
- Haben andere Druck in Richtung Alkohol ausgeübt?
- Gab es Versuche Ihres Kindes »auszusteigen«?

Das heißt, fragen Sie gezielt nach und zeigen Sie Ihrem Kind, dass Sie gewillt sind, sich die ganze Wahrheit ohne Wertung anzuhören.

> »Ich kann mir vorstellen, dass es nicht einfach ist, über all das zu reden. Vielleicht fällt es dir auch schwer, dich an alles zu erinnern. Trotzdem ist es wichtig, dass wir genau erfahren, was eigentlich passiert ist. Nur so kannst du daraus lernen, damit dir so ein Anfängerfehler im Umgang mit Alkohol nicht wieder passiert.«

Vereinbarungen für die Zukunft

Leiten Sie schließlich dazu über, dass Ihr Kind seine eigenen Schlüsse für seinen künftigen Umgang mit Alkohol zieht. Auch hier sind Belehrungen und Bevormundungen wenig sinnvoll, weil sich Ihr Kind später nicht daran halten wird:

> »Also damit eines klar ist, betrunken kommst du mir nicht mehr nach Hause. Mit … gehst du nicht mehr aus. Da musst du eben standhaft sein und Alkohol ablehnen, ich betrinke mich ja auch nicht.«

Stattdessen geht es darum, dass Sie Ihr Kind ermutigen, seine eigenen Konsequenzen aus dem Vorfall zu ziehen. Diese sollten Sie dann wieder unter der Perspektive Anfänger bzw. Profi im Umgang mit Alkohol kommentieren.

»So nun überlege bitte, wie willst du das ganz konkret anstellen, damit dir so etwas mit Alkohol nicht mehr passiert. Welche Lehren ziehst du aus dem Vorfall?«

Verstärken Sie dabei systematisch jede sinnvolle Äußerung Ihres Kindes. Achten Sie aber dabei darauf, dass die Vorsätze Ihres Kindes ausreichend konkret und vor allem realistisch sind. Denn je nachdem sind die Spielräume für Ihr Kind etwas unterschiedlich:
Ist Ihr Kind unter 16 Jahren, dann steht allerdings gesetzlich fest, dass es keinen Alkohol ohne Ihre Aufsicht trinken darf. Diese Tatsache ist nicht verhandelbar. Hier sollten Sie standhaft sein und keine »faulen Kompromisse« dulden. Wenn Ihr Kind verspricht, künftig keinen Alkohol mehr zu trinken, können Sie im Gegenzug lediglich anbieten, dass Sie es ab und zu bei besonderen Anlässen in Ihrer Gegenwart ein Glas trinken lassen, damit es auf diese Weise die notwendigen Kenntnisse im Umgang mit Alkohol erwerben kann (vgl. Kapitel 11):

 »Ob du das nun hören willst oder nicht, man darf erst ab einem Alter von 16 Jahren ohne Aufsicht der Eltern Bier oder Wein trinken. Können wir uns darauf verlassen, dass du dich künftig an diese Regel hältst und keinen Alkohol mehr trinkst? Im Gegenzug sind wir bereit, dich zu besonderen Gelegenheiten ein Glas mittrinken zu lassen, damit du die notwendige Erfahrung im risikoarmen Umgang mit Alkohol machst.«

Bestehen Sie auf einem klaren Versprechen, da Sie sich ansonsten zu Einschränkungen in der Freizeitgestaltung gezwungen sehen würden (zum Beispiel kein Besuch von bestimmten Freunden, kein Übernachten bei bestimmten Freunden, kein Besuch von

Partys, keine eigenständigen Kinobesuche). Ihr Kind muss in diesem Punkt lernen, dass bestimmte Freiheiten und »Großzügigkeiten« im Gegenzug die Einhaltung von Alkoholabstinenz voraussetzen.

Hat Ihr Kind im Alter von unter 18 Jahren harte Alkoholika getrunken, dann hat es ebenfalls gegen das Gesetz verstoßen. Auch diese Tatsache ist nicht verhandelbar:

> »Eins steht leider gesetzlich fest, Jugendliche dürfen unter 18 Jahren keine harten Alkoholika wie Schnaps, Wodka oder Ähnliches trinken. Auch nicht Mixgetränke auf dieser Basis. Wir haben nichts dagegen, dass du mit Freunden auf einem Fest ein bis zwei Gläser Bier oder Wein trinkst. Aber können wir uns darauf verlassen, dass du dich künftig an diese Regel hältst und keine harten Alkoholika, egal in welcher Form, trinkst?«

Auch hier sollten Sie auf einem klaren Versprechen bestehen, da Sie sich ansonsten ebenfalls zu Einschränkungen in der Freizeitgestaltung gezwungen sehen würden (zum Beispiel kein Besuch von bestimmten Freunden, kein Übernachten bei bestimmten Freunden, kein Besuch von Partys, keine eigenständigen Kinobesuche). Ihr Kind muss in diesem Punkt lernen, dass bestimmte Freiheiten und »Großzügigkeiten« im Gegenzug die Einhaltung des Verbots von harten Alkoholika für Jugendliche unter 18 Jahren voraussetzen.

Ist Ihr Kind bereits 16 Jahre alt und hatte einen Trinkexzess, dann sollten sich seine Schlussfolgerungen aus dem Vorfall so weit wie möglich an den Ausführungen zu einem risikoarmen Umgang mit Alkohol aus Kapitel 8 (The Big Three) orientieren:

▶ lediglich ein Glas Alkohol bei Mädchen, maximal zwei Gläser Alkohol bei Jungen

- maximal ein Mal Alkohol pro Woche
- sicherer Heimweg nach Alkoholkonsum

Sie können dabei Ihrem Kind auch die Seiten aus dem Anhang »Vom Anfänger zum Profi: Wie trinkt man richtig?« zu lesen geben. Am Schluss sollte alles in eine verbindliche Vereinbarung für die Zukunft münden:

»Okay, dann lass uns für die Zukunft eine konkrete Vereinbarung treffen zu deinem Umgang mit Alkohol, auf die wir uns dann verlassen können.«

Am besten nutzen Sie dazu die Vorlage aus dem Anhang »Meine Trinkregeln« (S. 125).

Bedenken Sie dabei allerdings, dass es uns ab einem bestimmten Alter nicht mehr möglich ist, Kindern unsere Meinung aufzuzwingen. Außerhalb unserer direkten Kontrolle im Kontakt mit Gleichaltrigen muss und wird Ihr Kind weiterhin selbst entscheiden, wie es mit Alkohol umgeht. Von daher sollten Sie auch Trinkregeln Ihres Kindes stehen lassen, die Sie zwar nicht hundertprozentig teilen, die aber das alkoholbedingte Risiko sehr deutlich senken. Entscheidend ist aber immer Klarheit und Verbindlichkeit der selbst auferlegten Trinkregeln und Transparenz hinsichtlich der Übereinstimmung zwischen Ihrem Kind und Ihnen. Markieren Sie daher auf der schriftlichen Erklärung Ihres Kindes, zu wie viel Prozent Sie einverstanden sind. Und vor allem bleiben Sie im Gespräch:

»Okay, ich finde deine selbst aufgestellten Trinkregeln für die Zukunft zwar nicht hundertprozentig gut, aber es ist zugegebenermaßen wesentlich vernünftiger als dein Verhalten beim letzten Vorfall. Wir werden sehen, wie dir das bekommt. Einverstanden?«

Klare Kante – muss Strafe sein?

Wir werden oft von Eltern gefragt, ob man Alkoholexzesse nicht bestrafen muss, damit sie nicht mehr vorkommen. Die Antwort darauf ist nicht ganz so einfach:

- Wenn wir davon ausgehen, dass Alkoholexzesse von Jugendlichen typische Anfängerfehler im Umgang mit Alkohol darstellen, dann ist das Wichtigste, dass die Betroffenen den risikoarmen Konsum von Alkohol lernen. Strafen sind dafür nicht förderlich.
- Andererseits sollten auch Jugendliche bei der Beseitigung bzw. Wiedergutmachung von ihnen verursachter Schäden im Rahmen ihrer Möglichkeiten beteiligt werden. Dies kann von einer expliziten Entschuldigung über Reparatur- bzw. Putzarbeiten bis hin zu finanzieller Wiedergutmachung vom eigenen Taschengeld reichen.
- Und schließlich kann es sein, dass Ihr Kind wegen alkoholbedingter Straftaten rechtlich verurteilt wird, dann ist das eine Tatsache, die es zu akzeptieren gilt.

Etwas ganz anderes ist es, wenn im Umgang Ihres Kindes mit Alkohol keinerlei Fortschritte zu verzeichnen sind, es unverändert Alkoholexzesse hat, trotz Ihrer Bemühungen aus den negativen Erfahrungen nicht lernt bzw. sich nicht an die getroffenen Absprachen hält. In diesem Fall kann nur noch sehr konsequentes Elternverhalten Ihr Kind vor weiterem Schaden durch Alkohol bewahren:

- Erklären Sie, dass Sie weitere Alkoholexzesse Ihres Kindes nicht akzeptieren.
- Unternehmen Sie alles in Ihrer Macht Stehende, damit es zu keinem weiteren Alkoholexzess kommen kann (Untersagen Sie die Teilnahme an entsprechenden Partys. Kürzen Sie spürbar das Taschengeld. Streichen Sie attraktive Vergünstigungen und Freizeitaktivitäten wie Sport- bzw. Kinobesuch, Teilnahme an Fahrschule, Reisen etc.).

»Du hast dich leider nicht an unsere Abmachung gehalten und hattest einen erneuten Alkoholexzess. Wir können das absolut nicht dulden. Offenbar haben aber unsere gutmütigen Versuche, dir einen risikoarmen Umgang mit Alkohol zu vermitteln, nicht gefruchtet. Nun ist das auch beim besten Willen kein Anfängerfehler mehr. Von daher gilt, wie man so sagt: Wer nicht hören will, muss fühlen. Von jetzt an gelten daher folgende Sanktionen für vier Wochen. Wenn dann kein weiterer Vorfall mit Alkohol auftritt, dann werden wir das wieder zurücknehmen. Beim nächsten Alkoholexzess wären es dann sechs Wochen. Hast du das verstanden?«

Damit negative Sanktionen wirken können, ist allerdings entscheidend, dass Sie absolut konsequent bleiben. Kündigen Sie nur an, was Sie auch wirklich durchhalten können. Ihr Kind muss die Erfahrung machen, dass bestimmte negative Konsequenzen wirklich nur dann wieder zurückgenommen werden, wenn es einen vernünftigen Umgang mit Alkohol zeigt und sofort beim nächsten Alkoholexzess wieder in Kraft treten würden. Verweigern Sie explizit, über diese Konditionen immer wieder zu verhandeln:

»Wir haben dir die Bedingungen erklärt und wollen nicht nochmals darüber reden. Zeig uns, dass du vernünftig mit Alkohol umgehst, erst dann können wir wieder verhandeln.«

All das wird natürlich enorme Konflikte mit Ihrem Kind bedeuten. Wir halten dies allerdings eindeutig für das kleinere Übel. Denn jeder weitere Alkoholexzess könnte tödlich enden bzw. schwere Traumatisierungen nach sich ziehen. So pathetisch es klingt: Es geht um das Leben Ihres Kindes.

Elterntipp 12

Sollte es zu einem Alkoholexzess bei Ihrem Kind kommen, machen Sie sich klar, dass es sich um einen typischen Anfängerfehler bei Jugendlichen im Umgang mit Alkohol handelt. Dieser Fehler, so riskant er vielleicht war, muss nicht den Beginn einer Problemkarriere Ihres Kindes bedeuten. Allerdings kommt es jetzt darauf an, dass Sie den Vorfall systematisch gemeinsam mit Ihrem Kind auswerten, damit Ihr Kind daraus die notwendigen Konsequenzen für seinen künftigen Umgang mit Alkohol zieht. Nur wenn Ihr Kind wiederholt zu Alkoholexzessen neigt und keinerlei Lernfortschritt erkennbar ist, sind harte Sanktionen erforderlich, um es wieder auf die richtige Bahn zu bringen.

13 Häufige Fragen

Abschließend wollen wir Stellung zu besonders häufigen Fragen nehmen, die sich für Eltern zum Thema Alkohol stellen.

Umgang mit Geheimnissen über Freunde
Eltern kommen häufig in erhebliche Loyalitätskonflikte, wenn sie über ihre Kinder von Alkoholexzessen von deren Freunden unter dem Siegel der Verschwiegenheit erfahren. Sollen sie deren Eltern informieren oder besser nicht, um nicht das Vertrauen ihrer eigenen Kinder zu verlieren? Tatsächlich ist das keine leichte Entscheidung. Denn nicht immer sind die Erzählungen des eigenen Kindes wirklich objektiv. Außerdem ist nicht sicher, wie die Eltern der Freunde mit der Information umgehen. Andererseits sind Eltern manchmal tatsächlich vollkommen ahnungslos hinsichtlich des Alkoholkonsums ihres Kindes. Dann wäre es segensreich, sie würden informiert werden. Wir können Ihnen daher in diesem Punkt keinen eindeutigen Rat geben. Folgende Gesichtspunkte könnten allerdings bei Ihrer Abwägung eine Rolle spielen:

- ▶ Wie hoch ist das Gefahrenrisiko des berichteten Alkoholexzesses?
- ▶ Wie gut kennen Sie die Eltern des betroffenen Kindes?
- ▶ Für wie objektiv halten Sie die Schilderung Ihres eigenen Kindes?

Party zuhause
Wenn Sie Ihrem Kind Ihre Wohnung oder Ihr Haus für eine Party in Ihrer Abwesenheit überlassen, ohne vorher eine klare Absprache hinsichtlich Alkohol getroffen haben, dann sind ein Besäufnis und entsprechende Verwüstung in der Regel vorprogrammiert:

Ihr Kind wird nicht in der Lage sein, angemessen darauf zu reagieren, wenn andere größere Mengen Alkohol mitbringen, vor allem wird es sich nicht in der Lage sehen, den Alkoholkonsum seiner Freunde irgendwie zu begrenzen. Und dann sind da vielleicht noch Ihre eigenen Alkoholvorräte im Haus. Gut möglich, dass sich die Party über Social Media herumgesprochen hat und auch noch Angetrunkene vorbeischauen, die gar nicht eingeladen waren (sogenanntes Gate Crashing).

Entsprechend ereignen sich 75 Prozent aller Krankenhauseinweisungen wegen Alkoholintoxikation bei Jugendlichen bei einem gemeinsamen Besäufnis in einer Privatwohnung. Überlegen Sie sich daher vorher gut, ob Sie sich das wirklich antun wollen. Vor allem aber setzen Sie vorab Grenzen und schließen Sie verbindliche Vereinbarungen. Mögliche Grenzen sind:

- ▶ zeitliche Eingrenzung
- ▶ räumliche Eingrenzung (bestimmte Räume werden abgeschlossen)
- ▶ Ihre Anwesenheit/Rückkehr
- ▶ kein Alkohol von außen
- ▶ überhaupt kein Alkohol
- ▶ Eingrenzung der Personenzahl
- ▶ keine Einladung von bestimmten Personen
- ▶ Wegschließen der eigenen Alkoholvorräte

Wir raten Ihnen eindeutig ab, wenn es in letzter Zeit Alkoholexzesse innerhalb des Freundeskreises Ihres Kindes gab bzw. Ihr Kind selbst hierbei einen Alkoholexzess hatte. In diesem Fall stellt eine solche Party in der Rolle des Gastgebers für Ihr Kind eine klare Überforderung dar, die fast zwangsläufig schief gehen muss. Begründen Sie Ihre Weigerung direkt:

»Solch eine Party ist eine klare Überforderung. Du kannst nicht auf alle aufpassen und bekommst im Zweifelsfall auch nicht mit, wie viel Alkohol mitgebracht wird. Es geht nicht darum, dass wir dir nicht vertrauen. Aber die Aufgabe ist zu groß. Lass uns gemeinsam nach einer Lösung suchen, die beiden Seiten gerecht wird und die dich nicht überfordert. Denn am Schluss bist du der Dumme.«

Taschengeld

Bedenken Sie, dass Jugendliche umso eher zu Alkoholexzessen neigen, je größer der Geldbetrag ist, über den sie frei verfügen können. In zahlreichen Studien konnte klar gezeigt werden: Mit jedem Prozent der Verteuerung von Alkohol gingen die Anzahl der Alkoholexzesse unter Jugendlichen um etwa 2,25 Prozent zurück.

Diesen Effekt können Sie nutzen, indem Sie das Taschengeld Ihres Kindes nicht zu hoch ansetzen und vor allem kürzen, wenn Ihr Kind zu Alkoholexzessen neigt. Sie verteuern dadurch gewissermaßen den Alkohol. Sie werden automatisch erleben, wie »geizig« Ihr Kind bei wenig Taschengeld plötzlich wird. Eine ähnliche Wirkung können Sie dadurch erzielen, indem Sie den Kauf notwendiger Dinge (zum Beispiel Friseur, Hygieneartikel, Fahrkarten) wieder übernehmen und im Gegenzug das freiverfügbare Taschengeld deutlich kürzen. Begründen Sie diese Maßnahme mit dem Hinweis auf Alkoholexzesse:

»Wir haben dir die Bedingungen erklärt und wollen nicht nochmals darüber reden. Zeig uns, dass du vernünftig mit Alkohol umgehst, erst dann können wir wieder verhandeln.
Du machst noch zu viele Anfängerfehler mit Alkohol. Deswegen werden wir ab heute dein Taschengeld spürbar kürzen. Denn wir sind nicht einverstanden, wie viel Geld du vertrinkst.«

Ist Alkoholismus erblich?

Auch wenn es Hinweise für erbliche Komponenten bei Alkoholproblemen gibt, können wir Sie ausdrücklich beruhigen. Selbst wenn es in Ihrer Familie Alkoholabhängige gab, ist Ihr Kind nicht dazu verdammt, auch Alkoholiker zu werden. Die Mehrheit der Kinder von Alkoholabhängigen wird nicht abhängig. Allerdings war das Miterleben einer Alkoholabhängigkeit für Ihr Kind möglicherweise eine große Belastung. Außerdem kann es sein, dass Ihr Kind genetisch bedingt mehr Alkohol verträgt und dadurch eher dazu verführt ist, zu viel Alkohol zu trinken.

Es empfiehlt sich daher dringend, mit Ihrem Kind offen über das Thema Alkohol und Alkoholabhängigkeit zu sprechen und Ihrem Kind zu besonderer Vorsicht im Umgang mit Alkohol zu raten. Sagen Sie:

> »Du weißt, dass ich erhebliche Probleme mit Alkohol hatte und daher nichts mehr trinke. Gott sei Dank ist das nicht erblich. Aber es könnte sein, dass du etwas mehr Alkohol verträgst als deine Freunde und daher auch dazu neigst, mehr Alkohol zu trinken. Du solltest somit besonders darauf achten, maximal ein beziehungsweise zwei Gläser zu trinken.«

Was soll ich machen, wenn ich selbst nie Alkohol trinke?

Damit gehören Sie zu einer Minderheit in unserem Lande, die aber langsam wächst. Auf jeden Fall lernt Ihr Kind von Ihnen ganz automatisch, dass man keinen Alkohol trinken muss, um glücklich und ausgelassen zu sein. Da aber ganze 3,6 Prozent der Erwachsenen hierzulande niemals in ihrem Leben Alkohol trinken, ist es andererseits rein statistisch eher unwahrscheinlich, dass Ihr Kind so wie Sie nie in seinem Leben Alkohol trinken wird. Da aber Ihr Kind von Ihnen einen risikoarmen Umgang mit Alkohol nicht lernen kann, sollten Sie überlegen, wer aus Ihrem Familien- oder Bekanntenkreis diese wichtige Aufgabe übernehmen könnte.

Was ist mit anderen Drogen?
Natürlich gibt es auch viele andere Drogenprobleme. Trotzdem lohnt es sich, auf den Alkohol zu konzentrieren, weil er sehr häufig mit dem Gebrauch anderer Drogen zusammen vorkommt und daher das Risiko hier erhöht ist:
- Jugendliche mit Trinkexzessen neigen auch zu verstärktem Cannabiskonsum.
- Vor allem Jugendliche mit hohem Alkoholkonsum rauchen gleichzeitig auch Tabak.

Wenn es gelingt, Ihr Kind vor Alkoholexzessen zu bewahren, brauchen Sie nicht zu befürchten, dass dann eine erhöhte Gefahr des Umsteigens auf andere Drogen bestünde. Denn das ist eindeutig nicht der Fall.

Was ist mit Alkohol in Lebensmitteln und Medikamenten?
Was Lebensmittel anbelangt, so sollten Sie vor dem Alter von 16 Jahren konsequent sein. Denn hier ist Alkohol in der Regel in Kombination mit starker Süße (zum Beispiel bei Pralinen, Schokolade, Torten oder Eiscreme) enthalten. Dadurch gewöhnen sich Minderjährige unbeabsichtigt an den Geschmack von Alkohol und verlieren ihre natürliche Abneigung gegen Alkohol. Durch den Konsum größerer Mengen bestimmter Pralinen können außerdem nicht unerhebliche Alkoholmengen entstehen. Kein ernsthaftes Problem stellen dagegen Weingummis, Weinessig oder Rotweinsoßen bei Speisen dar, sie enthalten keinen Alkohol (mehr).

Viele Medikamente auf Tropfenbasis und insbesondere Hustensäfte enthalten zum Teil erhebliche Mengen Alkohol. Von daher sollten Sie sich bei der Dosierung strikt an die Verschreibung durch einen Kinderarzt halten. Stellen Sie sicher, dass Ihr Kind nicht unbeaufsichtigt an diese Medikamente gelangen kann.

Was sagt das Jugendschutzgesetz?
Das Jugendschutzgesetz besagt sehr eindeutig: kein Alkohol unter 16 Jahren und keine harten Alkoholika unter 18 Jahren! Das bedeutet somit auch keine Alkopops oder sonstige alkoholischen Mixgetränke, die Rum, Whisky, Weinbrand oder Schnaps enthalten, unter 18 Jahren. Das Jugendschutzgesetz sieht aber andererseits ausdrücklich vor, dass Jugendliche in Gegenwart von Erziehungsberechtigten bereits unter diesen Altersgrenzen Bier und Wein trinken dürfen. Nach unserer Einschätzung eine sehr weise Entscheidung des Gesetzgebers, da Eltern dadurch ausdrücklich erlaubt ist, ihre Kinder in die »Kunst« eines risikoarmen Alkoholkonsums einzuführen.

Alkohol auf Klassenfahrten
Ab einem gewissen Alter bedarf es gezielter Vorkehrungen und Vereinbarungen zwischen allen Beteiligten, sonst sind Alkoholexzesse auf Klassenfahrten geradezu vorprogrammiert. Sorgen Sie daher dafür, dass dieses Thema vorab in einer Elternversammlung besprochen wird und klare Regelungen vereinbart werden:
▶ Bei Schülern unter 16 Jahren ist die Sache gesetzlich geregelt und daher einfach und klar: kein Alkohol. Hier geht es vor allem um die Möglichkeiten, diese Regelung zu überwachen, und die unmittelbaren Sanktionen bei einer Übertretung.
▶ Wenn in einer Klasse die Mehrheit der Schüler über 16 Jahre alt ist, dann geht erfahrungsgemäß die Meinung von Eltern und Lehrern etwas auseinander. Natürlich will niemand einen Alkoholexzess, aber totales Alkoholverbot kommt vielen ab einem bestimmen Alter auch merkwürdig vor. Hier geht es somit um einen Konsens, hinter dem die überwiegende Mehrheit stehen kann. Vor allem aber geht es auch hier um die Möglichkeiten, Alkoholexzesse zu vermeiden, und die unmittelbaren Sanktionen, falls es doch dazu kommen sollte.

Falls hierbei Entscheidungen getroffen werden, die Ihnen persönlich nicht behagen oder die Sie angesichts der bereits erlebten Alkoholexzesse Ihres Kindes nicht gutheißen können, dann bleibt Ihnen nur, Ihr Kind nicht mitfahren zu lassen.

Alkohol bei Schulfesten

Es ist erstaunlich, dass manchmal auf Schulfesten oder Preisverleihungen von Schülerwettbewerben alkoholische Getränke für die Erwachsenen bereitstehen. Wir halten dies für keine gute Idee und empfehlen Ihnen, dies in einer Elternversammlung entsprechend kritisch zu hinterfragen. Schulfeste sind gewissermaßen die Arbeitswelt Ihrer Kinder, und Arbeit und Alkohol gehören einfach nicht zusammen. Außerdem sind solche Veranstaltungen in der Regel sehr »unübersichtlich«, sodass der Alkoholkonsum von Minderjährigen nicht ausgeschlossen werden kann.

Was ist mit alkoholfreiem Bier?

Tatsächlich enthält alkoholfreies Bier so geringe Mengen an Alkohol, dass man dadurch weder betrunken noch sonst irgendwie verhaltensauffällig werden kann. Insofern ist alkoholfreies Bier für Jugendliche eine sehr gute Alternative zu echtem Bier, alle Risiken eines Alkoholexzesses sind ausgeschlossen. Seien Sie daher froh, wenn Ihr Kind »nur« alkoholfreies Bier trinkt.

Andererseits empfehlen wir dringend, Ihrem Kind alkoholfreies Bier erst mit 16 Jahren zu erlauben. Es ist nicht sinnvoll, dass sich Ihr Kind früher an den Geschmack von Bier gewöhnt und Bier auf diese Weise schleichend zu einem Alltagsgetränk wird.

14 Anhang

Im Folgenden finden Sie einige Arbeitsmaterialien, die in den vorangegangenen Kapiteln erwähnt wurden. Sie können Sie diese entweder mit freundlicher Erlaubnis des Verlages direkt aus dem Buch kopieren oder von der Website *www.salus-praevention.de* herunterladen.

Vom Anfänger zum Profi: Wie trinkt man richtig?

Alkohol kann sehr angenehm sein, Alkohol kann aber auch eine sehr unangenehme Wirkung haben und viele Probleme verursachen. Ab dem 16. Lebensjahr darfst du ohne Aufsicht deiner Eltern Bier und Wein trinken, ab dem 18. Lebensjahr sogar harte Alkoholika wie Schnaps oder Wodka. Vielen Jugendlichen gelingt es nicht sofort, vernünftig mit Alkohol umzugehen, sie machen riskante Anfängerfehler. Hier findest du die wichtigsten drei Dinge, die man als echter Profi im Umgang mit Alkohol unbedingt beherrschen sollte.

(1) Risikoarme Trinkmenge

Anders als du vielleicht denkst, stimmt der Satz »Je mehr Alkohol, desto besser die Wirkung« nicht. Lediglich kleine Mengen Alkohol haben eine ausschließlich positive Wirkung. Diese steigt nicht mehr mit zunehmender Alkoholmenge. Ganz im Gegenteil, je mehr man trinkt, umso deutlicher überwiegt die unangenehme Wirkung.

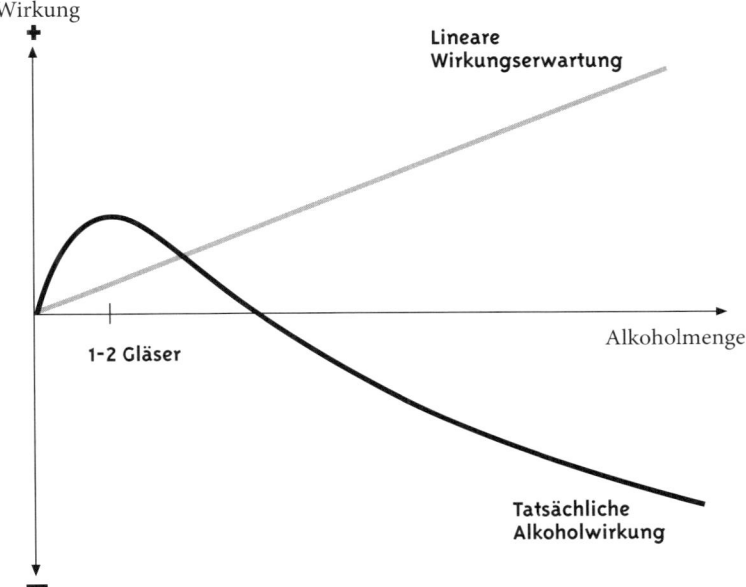

Abbildung 10 Die dosisabhängige Wirkung von Alkohol: Kleine Alkoholmengen von ein bis zwei Gläsern haben eine angenehme Wirkung. Größere Mengen haben eine immer unangenehmere Wirkung

Von daher bedeutet ein risikoarmer Alkoholkonsum für Jugendliche lediglich maximal eine Trinkeinheit (Mädchen) bzw. maximal zwei Trinkeinheiten (Jungen). Dabei bedeutet eine Trinkeinheit:

- Bier   Glas/Flasche à 0,33 Liter
- Wein/Sekt   Glas à 1/8 Liter
- Biermixgetränk   Glas/Flasche à 0,5 Liter
- Weinmixgetränk   Glas/Flasche à 0,275 Liter
- Alkopops   Glas/Flasche à 0,33 Liter
- harte Alkoholika   Glas à 0,04 Liter (doppelter Schnaps)

(2) Risikoarme Häufigkeit

Es gibt einen wichtigen Grund, warum du nicht häufiger als ein Mal pro Woche Alkohol trinken solltest. Alkohol hat nämlich immer eine Zwei-Phasen-Wirkung: Nach der ca. einstündigen angenehmen Hauptwirkung kommt immer eine unangenehme Nachwirkung, wie du auf der Abbildung sehen kannst. Diese spüren wir zwar erst bei großen Alkoholmengen in Form eines Katers, sie ist aber immer da und beeinträchtigt beispielsweise unsere Leistungsfähigkeit für ca. zehn Stunden. Deswegen dürfen beispielsweise auch Piloten zwölf Stunden vor Flugantritt keinen Alkohol mehr trinken. Bei täglichem Alkoholkonsum kann sich die unangenehme Nachwirkung allmählich auftürmen, bis schließlich eine körperliche Abhängigkeit entsteht. Deswegen ist ein täglicher Alkoholkonsum grundsätzlich zu vermeiden.

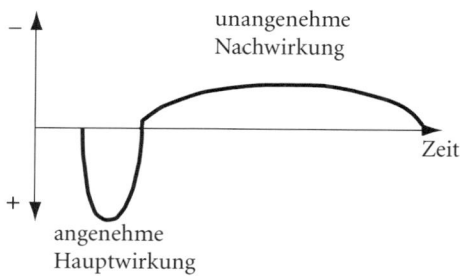

Abbildung 11 Die Zwei-Phasen-Wirkung von Alkohol

(3) Sicherer Heimweg

Hier ist das Wichtigste, dass du wirklich niemals bei einem Fahrer ins Auto steigst, der Alkohol getrunken hat. Denn die meisten Todesfälle und schwerwiegenden Verletzungen ereignen sich bei Jugendlichen als Beifahrer eines alkoholisierten Fahrers. Solltest du einmal doch zu viel Alkohol getrunken haben, so ist die gefährlichste Situation der Heimweg. Ruf am besten deine Eltern an, damit Sie dich abholen.

Meine Trinkregeln

Ich habe mir folgende Regeln im Umgang mit Alkohol gegeben:

	Als Eltern stimmen wir deinem Vorhaben zu:
In folgenden Situationen werde ich **keinen Alkohol trinken:**	%
Bei einer Trinkgelegenheit werde ich künftig **maximal** die folgende Alkoholmenge trinken:	%
Ich werde mich an _____ wenden, wenn mir mit Alkohol Folgendes passiert:	%

Der Alko-Check

Du willst wissen, ob du noch Anfänger im Trinken oder bereits ein Profi im Umgang mit Alkohol bist? Dann mach den Alko-Check. Beantworte hierzu bitte folgende Fragen. Im Anschluss findest du die Auswertungstabelle. Du kannst damit deinen Punktwert ermitteln zwischen 1 = blutiger Anfänger und 12 = Vollprofi im Umgang mit Alkohol.

Du kannst das Ganze aber auch auf der Website *www.saluspraevention.de* machen. Gib deine Antworten dort ein und du erhältst automatisch die Auswertung, die du dir auch ausdrucken kannst.

(1) Wie häufig hast du folgende Getränke in den letzten 12 Monaten getrunken?

Welche Menge trinkst du dabei im Durchschnitt?

	Nie	‹ 1× pro Monat	1× pro Monat	› 1× pro Monat	1× pro Woche	› 1× pro Woche	täglich	Anzahl	Einheit
Bier	☐	☐	☐	☐	☐	☐	☐		Glas/Fl. à 0,33 Liter
Wein/ Sekt	☐	☐	☐	☐	☐	☐	☐		Glas á 0,2 Liter
Biermix- getränk	☐	☐	☐	☐	☐	☐	☐		Glas/Fl. à 0,5 Liter
Wein- mix- getränk	☐	☐	☐	☐	☐	☐	☐		Glas/Fl. à 0,275 Liter
Alcopops	☐	☐	☐	☐	☐	☐	☐		Glas/Fl. à 0,33 Liter
Spiritu- osen	☐	☐	☐	☐	☐	☐	☐		Glas à 0,04 Liter (doppelter Schnaps)
	1	2	3	4	5	6	7		

(2) Denke noch einmal an *die letzten 30 Tage*. Wie oft (wenn überhaupt) hast du bei einer Gelegenheit fünf oder mehr Einheiten Alkohol getrunken?

Eine Einheit ist ein Glas Bier (0,33 Liter) *oder* ein Glas Wein/Sekt (0,2 Liter) *oder* eine Flasche Biermixgetränke (0,5 Liter) *oder* eine Flasche Weinmixgetränk (0,275 Liter), eine Flasche Alkopop (0,33 Liter) *oder* ein Glas Spirituosen (0,04 Liter).

In den letzten 30 Tagen habe ich ☐ mal fünf oder mehr Einheiten Alkohol bei einer Gelegenheit getrunken.

(3) Wie oft (wenn überhaupt) warst du aufgrund alkoholischer Getränke betrunken?

	nie	1–2 ×	3–5 ×	6–9 ×	10–19 ×	20–39 ×	› 40 ×
In meinem ganzen Leben	☐	☐	☐	☐	☐	☐	☐
	1	2	3	4	5	6	7

(4) Wenn du ohne deine Eltern unterwegs warst, wie oft bis du in einem Auto mitgefahren, dessen Fahrer Alkohol getrunken hatte?

nie	1–2 ×	3–5 ×	› 5 ×
☐	☐	☐	☐
1	2	3	4

Auswertung des Alko-Checks

Die Auswertung erfolgt durch Zusammenzählen der Punkte zu einem Gesamtwert zwischen maximal 12 Punkten = Vollprofi im Umgang mit Alkohol und einem Minimalwert von 0 Punkten = blutiger Anfänger im Umgang mit Alkohol. Hinsichtlich der Trinkmenge werden bei der Bewertung Unterschiede zwischen männlichen und weiblichen Jugendlichen gemacht.

Frage 1: Art/Menge/Häufigkeit			
Männlich		Weiblich	
	Punktwert		Punktwert
Ausschließlich Konsum von Bier, Wein bzw. Mixgetränken, maximal 1 × pro Woche, maximal 2 Trinkeinheiten pro Gelegenheit	3	Ausschließlich Konsum von Bier, Wein bzw. Mixgetränken, maximal 1 × pro Woche, maximal 1 Trinkeinheit pro Gelegenheit	3
Einschließlich Konsum von harten Alkoholika bzw. Alkopops, maximal 1 × pro Woche, maximal 2 Trinkeinheiten pro Gelegenheit	2	Einschließlich Konsum von harten Alkoholika bzw. Alkopops, maximal 1 × pro Woche, maximal 1 Trinkeinheit pro Gelegenheit	2
Einschließlich Konsum von harten Alkoholika bzw. Alkopops, maximal 1x pro Woche, maximal 3 Trinkeinheiten pro Gelegenheit wenn Alter > 16	1	Einschließlich Konsum von harten Alkoholika bzw. Alkopops, maximal 1 × pro Woche, maximal 2 Trinkeinheiten pro Gelegenheit wenn Alter > 16	1
Sonstiger Konsum	0	Sonstiger Konsum	0

Frage 2: Alkoholexzesse

	Punktwert
0	3
1 ×	1
> 1 ×	0

Frage 3: Rauscherfahrung

	Punktwert
nie	3
1–2 ×	1
> 2 ×	0

Frage 4: Heimweg

	Punktwert
nie	3
1–2 x	1
> 2 x	0

Verbesserungsvorschläge

Hier finden sich konkrete Rückmeldungen zu den Ergebnissen im Alko-Check.

Wenn Konsum von Alkopops und Alter < 18 Jahren	Du solltest auf Alkopops künftig verzichten. Alkopops enthalten Schnaps/Rum/Whisky, die erst ab dem 18. Lebensjahr getrunken werden dürfen. Außerdem ist ein risikoarmer Konsum erschwert, weil man bei Alkopops den Alkohol nicht schmeckt.
Wenn Konsum von alkoholischen Mixgetränken	Vorsicht bei alkoholischen Mixgetränken. Risikoarmer Konsum ist erschwert, weil man den Alkohol nicht schmeckt. Durch den hohen Zuckergehalt löschen sie außerdem den Durst nicht. Man ist daher versucht, mehr zu trinken.
Wenn 1 × pro Woche und Alter < 16	Du solltest die Häufigkeit des Alkoholkonsums reduzieren. Bedenke, dass der Konsum von Alkohol bis zum 16. Lebensjahr ja nur in Gegenwart von Erziehungsberechtigten erlaubt ist.
Wenn Getränkeart nicht nur Bier/Wein und Alter < 18	Du solltest deinen Alkoholkonsum auf Bier und Wein beschränken. Harte Alkoholika sind erst ab 18 Jahren erlaubt. Bedenke, dass auch Alkopops Schnaps/Rum/Whisky enthalten.
Wenn Häufigkeit > 1 × Woche und Alter > 15	Du solltest deinen Alkoholkonsum auf max. 1 × pro Woche (Freitagabend oder Samstag) begrenzen, da sonst deine Leistungsfähigkeit am nächsten Werktag aufgrund der Zwei-Phasen-Wirkung von Alkohol eingeschränkt wäre. Bei täglichem Alkoholkonsum besteht außerdem die Möglichkeit, dass sich die unangenehme Nachwirkung des Alkohols »auftürmt«, bis schließlich eine körperliche Abhängigkeit entsteht. Bedenke, dass die Mehrheit seltener trinkt als du.
Wenn > 1 × pro Monat und Alter < 16	Du solltest die Häufigkeit des Alkoholkonsums reduzieren. Bis zum 16. Lebensjahr ist der Konsum von Alkohol nur in Gegenwart von Erziehungsberechtigten erlaubt. Du könntest in Schwierigkeiten kommen.

Wenn Menge > 2 Trinkeinheiten und Geschlecht = männlich	Die Grenze für einen risikoarmen Konsum beträgt für Jungen zwei Trinkeinheiten. Du könntest die Erfahrung machen, dass man sich auch mit dieser Alkoholmenge wohl fühlen kann. Bedenke, dass die Mehrheit deutlich weniger trinkt als du.
Wenn Menge > 1 Trinkeinheit und Geschlecht = weiblich	Die Grenze für einen risikoarmen Konsum beträgt für Mädchen eine Trinkeinheit. Du könntest die Erfahrung machen, dass man sich auch mit dieser Alkoholmenge wohl fühlen kann. Bedenke, dass du als Mädchen immer nur halb so viel trinken solltest wie die Jungen in deiner Gegenwart, damit du keinen höheren Promillewert als die Jungen hast.
Wenn Exzess > 0 und Geschlecht = männlich	Alkoholexzesse (> 4 Trinkeinheiten) stellen bei Jugendlichen das Hauptrisiko für Verletzungen, Unfälle, Stürze, Gewalterfahrungen und sexuelle Übergriffe dar. Du solltest solche Exzesse unbedingt vermeiden! Bedenke, die Mehrheit aller Jugendlichen hat keine Alkoholexzesse und schätzt diese auch nicht bei anderen.
Wenn Exzess > 0 und Geschlecht = weiblich	Du solltest solche Alkoholexzesse (> 4 Trinkeinheiten) unbedingt vermeiden! Als Mädchen besteht für dich ein besonders hohes Risiko, dadurch in eine sexuelle Situation zu geraten, die du hinterher bereust.
Wenn Mitfahren > 0	Mitfahren bei alkoholisierten Fahrern stellt für Jugendliche das größte Unfallrisiko dar. Bereits ab 0,3 Promille ist das Unfallrisiko um 50 Prozent erhöht, ab 0,6 Promille um 150 Prozent erhöht. Unser Tipp: niemals bei jemanden einsteigen, der Alkohol getrunken hat!

Programme und Adressen

Hier finden Sie wichtige Präventionsprogramme und Adressen zum Thema Jugend und Alkohol.

Lieber schlau als blau

Das von einem der Autoren entwickelte Alkoholpräventionsprogramm kann mit wenig Aufwand in den Schulunterricht integriert werden. Es gruppiert sich um ein Trinkexperiment, in dem Jugendliche unter sicheren Rahmenbedingungen die Möglichkeit haben, in der Gruppe konkrete Erfahrungen zu machen, wie man »richtig« trinkt. »Lieber schlau als blau« vermeidet dadurch jede aversive Besserwisserei bzw. abstraktes Dozieren durch Erwachsene. Weitere Informationen finden Sie auf der Internetseite: *www.salus-praevention.de.*

Aktion Glasklar

Bei diesem vom IFT-Nord für die DAK-Gesundheit entwickelten Präventionsprogramm werden Jugendliche bis 16 Jahre, Jugendliche ab 16 Jahren, Eltern und erwachsene Bezugspersonen über Printmedien und eine Internetseite über einen risikoarmen Konsum von Alkohol informiert und zur Auseinandersetzung mit diesem Thema motiviert. Weitere Informationen zur Aktion Glasklar sowie die Möglichkeit zum Download der Materialien finden Sie auf der Internetseite der Kampagne: *www.aktionglasklar.de.*

HaLT

Das Suchtpräventionsprojekt HaLT besteht aus zwei Bausteinen, die sich gegenseitig ergänzen und verstärken. Im reaktiven Projektbaustein werden Jugendliche nach stationär behandelter Alkoholvergiftung mit dem sogenannten »Brückengespräch« meist noch im Krankenhaus angesprochen und zur Teilnahme an einem Gruppenangebot motiviert. Der *proaktive Projektbaustein* hat das Ziel, Alkoholexzesse und schädlichen Alkoholkonsum im Vorfeld zu verhindern. Weitere Informationen zu HaLT finden Sie unter *www.halt-projekt.de*.

Online-Selbsthilfe Alkohol
Das Online-Selbsthilfe-Programm bietet eine vollkommen anonyme Möglichkeit, jederzeit von zuhause aus einen systematischen Versuch zu unternehmen, seinen Alkohol zu reduzieren oder ganz einzustellen. Man legt seine persönlichen Veränderungsziele fest und verfolgt dann durch tägliche Eingaben zu Alkoholverlangen und tatsächlichen Alkoholkonsum die Umsetzung dieses Ziels im Alltag. Weitere Informationen finden Sie unter *www.selbsthilfealkohol.de*.

Bundeszentrale für gesundheitliche Aufklärung (BZgA)
Die Bundeszentrale für gesundheitliche Aufklärung hat als bundesweite Fachbehörde des Bundesministeriums für Gesundheit (BMG) eine Vielzahl von Programmen und Kampagnen zur Alkoholprävention entwickelt. Außerdem veröffentlicht sie regelmäßig Studien zum aktuellen Alkoholkonsum von Jugendlichen. Weitere Informationen zur BZgA finden Sie unter *www.bzga.de*.

15 Glossar: Wichtige Fachbegriffe einfach erklärt

Um den Text leicht lesbar zu halten, wurden dort wichtige Fachbegriffe mit einem Pfeil gekennzeichnet. Hier finden Sie die ausführlichere Erläuterung, was damit gemeint ist. Denn sehr häufig werden diese Begriffe in der öffentlichen Diskussion über Alkoholprobleme nicht richtig verwendet und tragen dadurch zu Missverständnissen und Verwirrung bei.

ADHS
Dies ist die Abkürzung für die Aufmerksamkeitsdefizit-/Hyperaktivitätsstörung, einer Verhaltensstörung bei Kindern und Erwachsenen. Sie ist durch mangelhafte Aufmerksamkeits- und Konzentrationsfähigkeit sowie erhöhte Impulsivität und Bewegungsdrang gekennzeichnet. Umgangssprachlich wird sie auch Zappelphilipp-Syndrom genannt. Die Betroffenen leiden unter erheblichem Druck, Schul- und Berufsschwierigkeiten sind die häufigsten Folgen.

Alkoholabhängigkeit
Von einem Alkoholiker haben viele Menschen eine sehr negative Vorstellung. Sie denken entweder an einen »Penner«, der ohne festen Wohnsitz und ohne Arbeit äußerlich ungepflegt »auf der Straße« sitzt, oder an jemanden, der wegen ständiger Trunkenheit öffentlich auffällt, herumschreit, sich prügelt oder zumindest täglich riesige Mengen Alkohol trinkt. Tatsächlich gibt es den einheitlichen »Alkoholiker« gar nicht, sondern es ist eine Vielzahl individuell ausgeprägter Abhängigkeitsprobleme bei Alkohol möglich. Diese lassen sich in folgende vier Haupttypen unterteilen:

Spiegeltrinken. Der Betroffene trinkt über den Tag verteilt regelmäßig Alkohol, um die Alkoholkonzentration im Blut nie unter einen bestimmten »Spiegel« sinken zu lassen, da sonst unangenehme Entzugserscheinungen auftreten.
Rauschtrinken. Der Betroffene schafft es trotz bester Vorsätze nicht, lediglich kleine Mengen an Alkohol zu trinken. Vielmehr endet sein Trinken meist in mehr oder weniger starkem Rausch.
Konflikttrinken. Der Betroffene greift in ganz bestimmten Situationen zu Alkohol, da er über keine anderen Lösungs- oder Bewältigungsmöglichkeiten verfügt.
Periodisches Trinken. Der Betroffene hat trotz zwischenzeitlicher Abstinenz immer wieder Phasen eines heftigen und unkontrollierten Alkoholkonsums.

Eine Alkoholabhängigkeit wird hierzulande nach dem internationalen Klassifikationssystem der WHO, dem sogenannten ICD-10 diagnostiziert, wenn mindestens drei von dort aufgelisteten sieben möglichen Kriterien erfüllt sind. Für den Alltagsgebrauch reicht allerdings folgende Faustregel:
  Alkoholabhängig ist jeder,
- ▶ der auf Alkohol nicht verzichten kann, ohne dass unangenehme Zustände körperlicher oder seelischer Art auftreten oder
- ▶ der doch immer wieder so viel Alkohol trinkt, dass er sich oder anderen schadet.

Alkoholgehalt

Natürlich ist der Alkoholgehalt in den verschiedenen alkoholischen Getränken sehr unterschiedlich. Bier hat einen Alkoholgehalt von 4–6 Volumenprozent, Wein hat einen Alkoholgehalt von 8–15 Volumenprozent und harte Alkoholika haben 30–40 Volumenprozent. Mit der Angabe in Volumenprozent hat die Alkoholindustrie ganz gezielt einen Weg gewählt, der sich kaum als

Orientierung für den Konsumenten eignet. Denn da die Flaschengrößen bei alkoholischen Getränken ganz unterschiedlich sind, müsste jemand schon einen Taschenrechner zu Hilfe nehmen, um zu bestimmen, wie viel Alkohol in Gramm er nun eigentlich zu sich genommen hat.

Alkoholvergiftung/Alkoholintoxikation
Ein unpräziser Begriff, der einen lebensgefährlichen Zustand unter Alkohol meint, wenn ab 3–4 Promille das Herzkreislaufsystem des Betroffen alkoholbedingt gelähmt wird. Der Fachbegriff ist Alkoholintoxikation.

Alkopops
Als der Alkoholkonsum unter Jugendlichen rückläufig war, hat die Alkoholindustrie eine ganze Reihe neuartiger alkoholischer Getränke auf den Markt geworfen. Es handelte sich um sehr süße Getränke, die sich im Aussehen und Geschmack an den unter Jugendlichen angesagten Süßgetränken (Fanta, Cola, Sprite) orientieren, aber meist harte Alkoholika (Wodka, Rum oder Branntwein) enthalten. Das Perfide an diesen Getränken ist, dass sie aufgrund ihrer Süße den Durst nicht löschen und außerdem der Alkohol nicht herausgeschmeckt wird. Weil in kurzer Zeit Jugendliche fast ausschließlich Alkopops tranken und in diesem Zusammenhang besonders häufig Alkoholexzesse zu beklagen waren, hat der Gesetzgeber schnell reagiert und die Steuern auf diese Getränke enorm angehoben. Dadurch sind Alkopops unter Jugendlichen fast gar nicht mehr angesagt, der riskante Trinkstil ist aber leider geblieben, nun mischen sich Jugendliche ihre Mixgetränke eben selbst. Verbreitet sind allerdings Mixgetränke auf der Basis von Bier oder Wein, die auf Betreiben der Alkoholindustrie von der Steuererhöhung ausgenommen wurden.

Hippocampus
Ein Bestandteil des Gehirns, der für die Gedächtnisbildung von enormer Bedeutung ist.

Komasaufen
Damit bezeichnet man umgangssprachlich den zu Alkoholexzessen neigenden Trinkstil vieler Jugendlicher von mehr als fünf Trinkeinheiten. Tatsächlich kann man bei einer lebensgefährlichen Alkoholvergiftung ab etwa 3 Promille das Bewusstsein verlieren und ins Koma fallen.

Peergruppe
Mit diesem Begriff aus der Soziologie bezeichnet man die Gruppe der Gleichaltrigen, an denen sich Jugendliche ab dem zwölften Lebensjahr zunehmend orientieren.

Placeboeffekt
Damit bezeichnete man ursprünglich die Beobachtung, das sogenannte »Scheinmedikamente«, die lediglich aussehen wie ein echtes Medikament, in Wirklichkeit aber gar keinen Wirkstoff enthalten, trotzdem eine Wirkung haben können. Sie sind oftmals sehr wirksam, wenn die Patienten glauben, dass es sich um ein echtes Medikament handelt. Heute weiß man, dass alle Substanzen, somit auch Alkohol, neben ihrer physiologischen Wirkung immer auch einen Placeboeffekt haben, der durch die Wirkungserwartung der Konsumenten bedingt ist.

Promille
Alkohol dringt über die Schleimhäute rasch in die Blutbahn und durchströmt dann unseren gesamten Organismus. Die Blutalkoholkonzentration wird dabei durch den sogenannten Promillewert (‰) bestimmt. Ab 0,3 Promille erleben wir eine angenehme Enthemmung und verstärkte Kontaktfreudigkeit. Spätestens ab 0,8 Promille beginnen deutliche kognitive Einschränkungen, ab

2 Promille beginnt das Betäubungsstadium, ab 3,5 Promille besteht Lebensgefahr durch Organversagen. Im Internet findet man eine Vielzahl von sogenannten Promillerechnern, mit denen man seinen Promillewert in Abhängigkeit der getrunkenen Alkoholmenge relativ exakt bestimmen kann.

Rauschtrinken/Bingedrinking
Diese Begriffe werden in der Fachliteratur häufig synonym verwendet. Sie meinen einen Alkoholkonsum von Jugendlichen, bei dem mehr als vier Trinkeinheiten bei einer Gelegenheit (sogenanntes Binge) konsumiert werden. Es ist dabei sowohl möglich, dass sich ein Jugendlicher aus Unerfahrenheit einfach mit der Trinkmenge verschätzt hat, als auch, dass er aufgrund der irrtümlichen Wirkungserwartung »Je mehr, desto besser« den Rausch bewusst angestrebt hat.

Suchtberatungsstelle
Es gibt in Deutschland ein dichtes Netz von sogenannten Suchtberatungsstellen als erste Anlaufstelle für alle Suchtprobleme. Suchtberatungsstellen werden zumindest teilweise von den Kommunen finanziert, sodass man sich ohne jede Kosten oder Antragsverfahren beraten lassen kann. Die Adresse der nächsten Suchtberatungsstelle finden Sie auf der Website *www.dhs.de/einrichtungssuche.html*.

Systemimmanenz
Hierunter versteht man den gezielten Versuch, sich in einen anderen Menschen hineinzuversetzen und sich zu bemühen, die Dinge aus seiner Sicht zu sehen und zu versehen, anstatt etwas von außen zu beurteilen.

Toleranzsteigerung
Aufgrund der Zwei-Phasen-Wirkung von Alkohol kann sich bei regelmäßigem Alkoholkonsum die Alkoholverträglichkeit um

das 2–3-Fache steigern. Das heißt, der Betroffene benötigt die zwei- bis dreifache Alkoholmenge, um eine angenehme Wirkung zu spüren, und er zeigt auch erst nach zwei- bis dreifacher Alkoholmenge motorische oder geistige Ausfälle. Das Problem ist, dass die Betroffenen dann auch verführt sind, entsprechend mehr Alkohol zu trinken.

Trinkeinheit/Glas
Jugendliche haben häufig keine Vorstellung von dem unterschiedlichen Alkoholgehalt verschiedener alkoholischer Getränke. Von daher fehlt ihnen jedes qualifizierte Kriterium für die persönliche Bestimmung einer risikoarmen Trinkmenge. Leider hat die Politik bislang noch nicht erreicht, die Alkoholindustrie zu einer übersichtlichen Portionierung des verkauften Alkohols oder einer verständlichen Kennzeichnung des in einer Flasche enthaltenen Alkohols zu bewegen. In der Suchtforschung hat man sich mit der Berechnung von sog. Trinkeinheiten beholfen. Diese sind aber für Jugendliche in einer konkreten Trinksituation zu kompliziert in der Anwendung. Als einfache Orientierung empfehlen wir daher die Verwendung von folgenden Trinkeinheiten:

Eine Trinkeinheit entspricht:

Bier	Glas/Flasche à 0,33 Liter
Wein/Sekt	Glas à 1/8 Liter
Biermixgetränk	Glas/Flasche à 0,5 Liter
Weinmixgetränk	Glas/Flasche à 0,275 Liter
Alkopops	Glas/Flasche à 0,33 Liter
harte Alkoholika	Glas à 0,04 Liter (doppelter Schnaps)

16 Weiterführende Literatur

Falls Sie sich ausführlicher mit alkoholbezogenen Themen bei Jugendlichen beschäftigen wollen, dann finden Sie hier einige aktuelle Literaturempfehlungen:

Aufenhanger, S., Große-Loheide, M., Hasenbrink, U. & Lambert, C. (2001). Alkohol – Fernsehen – Jugendliche: Programmanalyse und medienpädagogische Praxisprojekte. Berlin: Vistas.

Bartsch, G. & Gassmann, R. (2010). Generation Alkopops: Jugend zwischen Marketing, Medien und Milieu. Freiburg: Lambertus.

DHS (Hrsg.). (2013). Jahrbuch Sucht 2013. Lengerich: Pabst.

Lindenmeyer, J. (2010). Lieber schlau als blau. Entstehung und Behandlung von Alkohol- und Medikamentenabhängigkeit. Weinheim: Beltz.

Lindenmeyer, J. & Rost, S. (2008). Lieber schlau als blau – für Jugendliche. Ein Präventionsprogramm für die Schule. Weinheim: Beltz.

Schöning, S. (2007). Alkoholkonsum in der Jugend: Geschlechterspezifische Entwicklung und Prävention. Saarbrücken: Vdm Verlag.

Schmidt-Semisch, H. & Stöver, H. (Hrsg.). (2012). Saufen mit Sinn? Harm Reduction beim Alkoholkonsum. Frankfurt: Fachhochschulverlag.

Von Hagen, C. & Koletzko, B. (Hrsg.). (2013). Alkoholmissbrauch im Kindes- und Jugendalter. Stuttgart: Kohlhammer.

Verwendete Literatur

Kolip, P., Klocke, A., Melzer, W. & Ravens-Sieberer, U. (2013). Gesundheit und Gesundheitsverhalten im Geschlechtervergleich. Ergebnisse des WHO-Jugendgesundheitssurveys Health Behaviour in school-aged Children 2010. Weinheim: Juventa.

Kraus, L., Pabst, A. & Piontek, D. (2012). Europäische Schülerstudie zu Alkohol und anderen Drogen 2011 (ESPAD): Befragung von Schülerinnen und Schülern der 9. und 10. Klasse in Bayern, Berlin, Brandenburg, Mecklenburg-Vorpommern und Thüringen. IFT-Berichte Bd. 181. München: IFT Institut für Therapieforschung.

17 Zum Schluss

Wir wollen dieses Buch nicht beschließen, ohne die drei wichtigsten Botschaften, die Quintessenz unseres Buches, zusammenzufassen. Denn manchmal verliert man sich als Eltern in den vielen Details und dem Chaos des Erziehungsalltags. Hier also nochmals das Allerwichtigste in Kürze:

Werden Sie aktiv
Alkohol ist die am häufigsten verbreitete Droge in unserer Gesellschaft. Alkohol kann ein angenehmes Genussmittel sein, er kann aber auch zu einem gefährlichen Suchtmittel werden. Ihr Kind muss somit den risikoarmen Umgang mit Alkohol erst lernen. Lassen Sie Ihr Kind bei dieser wichtigen Entwicklungsaufgabe nicht allein. Es hilft nichts, Alkohol lediglich zu verbieten, sondern unternehmen Sie gezielte Anstrengungen, Ihr Kind dabei zu unterstützen, seine eigenen, sinnvollen Regeln im Umgang mit Alkohol zu finden.

Bleiben Sie gelassen

Wer sich eigene Regeln gibt, muss herausfinden, wo die Grenzen sind. Ihr Kind muss sich im Umgang mit Alkohol erproben und wird dabei sehr wahrscheinlich auch Fehler machen. Sorgen Sie aktiv dafür, dass dabei die Risiken beherrschbar bleiben, aber bleiben Sie auch gelassen. Nur durch persönliche, auch negative Erfahrung wird Ihr Kind seinen Weg finden. Ein Trinkexzess bedeutet keine Suchtgefahr, sondern stellt eine wichtige Chance für Ihr Kind dar, etwas Entscheidendes über Alkohol zu lernen.

Bleiben Sie konsequent bei Anfänger bzw. Profi

Es ist normal, dass sich Ihr Kind ab einem bestimmten Alter von Ihnen abgrenzen will und seine eigenen Normen als künftiger Erwachsener entwickelt. Vermeiden Sie daher Belehrungen und Warnungen, sondern markieren Sie riskanten Alkoholkonsum immer als typischen Anfängerfehler, der davon zeugt, dass Ihr Kind noch kein erwachsener Profi im Umgang mit Alkohol ist.

Sachwortverzeichnis

A
Abstinenzkulturen 29
Alkoholabhängigkeit 16, 19, 25, 88, 117, 134
Alkoholindustrie 22, 31, 37, 77, 135
Alkoholmixgetränke 23
Alkopops 22, 130, 136

C
Cannabiskonsum 118

D
Disco-Unfall 27

E
Einstiegsalter 22

G
Gate Crashing 27, 115

H
Heimweg 43, 56, 110, 124

K
Kognitive Umstrukturierung 49

M
Massenmedien 19
Medien 77, 79
Motivation 44

P
Peergruppe 27, 37, 52, 97, 137
Promillewert 27, 137

R
Rap-Musik 78

T
Trinkeinheit 20, 56, 123, 139
Trinkkultur 29
– gestörte 30, 44, 83
Trinkmenge 31, 55
Trinkregeln 30, 125
Trinkschulung 42

U
Unreife, neurologische 38

W
Werbespots 31, 77
Wirkungserwartung 35, 42, 55, 123

Z
Zwei-Phasen-Wirkung 56f., 124, 138